場から未来を描き出す

対話を育む「スクライビング」5つの実践

ケルビー・バード Kelvy Bird
【監訳】山田夏子 【訳】牧原ゆりえ／北見あかり

英治出版

観ることを望むすべての人へ

generative scribing

A SOCIAL ART of the 21st CENTURY

by Kelvy Bird

Japanese translation rights arranged
with Presencing Institute, Inc. c/o Hurwit & Associates, Newton, Massachusetts
through Tuttle-Mori Agency, Inc., Tokyo

Scribing【スクライビング】

人々が対話している間に、発言者の話の
内容や考えを視覚的に表すこと。

日本語版序文

仕事を行う中で、今のままの状態で良いとは思っていない。何かを変えていく必要があるのはわかっているが、何をどう変えていけばいいのか。

どうすれば組織や社会の格差や分断を超えて、ばらばらの人々が共感し、つながりあい、心の底から深く納得して前に進めるだろうか。

この本のテーマである「生成的なスクライビング」は、こうした問いにこたえる一つの方法です。

スクライビングとは、人々が話をしている間に、リアルタイムに絵や言葉を使ってその話を見える化する手法です。最近は会議やイベントの場で、グラフィックを描いている人を見たことがある方も多いのではないでしょうか。「グラフィック・レコーディング」や「グラフィック・ファシリテーション」という言葉を、聞いたことがある方もいるかもしれません。それらもスクライビングの形の一つです。

場が楽しげな雰囲気になる、話したことが記録されてわかりやすい、あとで見返したり共有したりしやすい、といったメリットとともに紹介されているのをよく目にします。人々が話している言語を要約して綺麗な絵と共に構成して描く。これもスクライビングができることの一つです。

ただし、この本で紹介される「生成的なスクライビング」の目的は、要約や綺麗な絵を描くことではありません。場にいる人々をつなぎ、新たな洞察やビジョンを生み出す後押しをすることです。そのために、人々の意識にまだ上がってきていない、言葉になっていない、目にも見えない何かのトーンや質感を捕まえて描きます。場にいる人達の声なき声、まだ言語化されていないけれど、そこに在るエネルギーを感じ取り、表現することで、その場にいる人達と共有するのです。そのグラフィックを眺めることで、人々は無意識に感じていたことを目の当たりにすることになります。そして、人々の中に深い問いや気づきが生まれ、新たな洞察やビジョンが紡がれていくのです。

「見られたがっている」けれども「まだ見えていなかった未来」が、場から生まれると言ってもいいかもしれません。生成的なスクライビングは、いわばそんな「未来」という赤ちゃんをとりあげる「お産婆さん」のような役割です。この本は、この「まだ見えていないものを描く」という一見魔法のようなことを、紐解いています。

著者のケルビー・バードは、アーティストであり、数々のビジネスや社会変革の現場での経験を持つ世界的なスクライビングの実践者です。プレゼンシング・インスティチュートの共同創設者として、『U理論』の著者であるC・オットー・シャーマーと共に、U理論を探究してきた一人でもあります（『U理論［第二版］』の冒頭に掲載されているのも、彼女のグラフィックです）。

本書は、ケルビー自身が、描くときの自分の意識や在り方を繊細に観察し、具体的にどのように行っているのかを丁寧に捉えたうえで、表現されています。読んでみると、実際の行為としてのスクライビングは、聴き取って描くまでの数秒間の中で起きていることなのですが、この数秒間に、ケルビーの経験や描くことの意味や哲学がふんだんに盛り込まれていることがわかります。だからこそ、表すことのできる新たな世界があるのだということも。

彼女は、この数秒間の間に行われる行為を、「在る」「融合する」「捉える」「知る」「描く」という5つの要素からなる、実践モデルとしてまとめました。このモデルは、手順に沿えばできるという単なる手法ではありません。場の未来を切り開くために、自分自身の在り方を整えることから、この本では解説されています。「茶道」や「華道」や「書道」など、日本に古くから受け継がれている「道」のような深さと奥行きを感じます。

私は、ここ10数年に渡り、粘土やグラフィックを使って、日本企業のチームビルディングやビジョン策定などの組織開発を行ってきました。私がやってきたことも、この本でいう生成的なスクライビングの一つの形だったのかなと感じています。

企業でグラフィックを描くと、はじめのうちは、「そんなお遊びみたいなことをしたって、何も変わらないよ！」と懐疑的な参加者の方もいます。それでも、話をする人の声のトーンや場の雰囲気を感じ取って、絵や色で表現していくと、皆がただ沈黙してグラフィックを眺める時間が生まれます。参加者がグラフィックを見つめながら声を発するようになり、絵を指差しながら話す人もでてきます。懐疑的だった人も、だんだんと普段の仕事では話さないような本音を口にするようになります。グラフィックを描いているうちに、組織の中で当たり前すぎて暗黙知になっていたことや、言葉になっていなかった思いや願いが、見えてくるのです。

そして、それを参加者の方々が目にして自覚すると、最初には思いもよらなかった問いが話されるようになります。なぜ自分は、この仕事をしたいのか？　この企業はなぜこの世の中で存在しているのか？　自分達の事業が社会的にどんな存在意義があるのか？　そうした問いが生き生きと脈打ちはじめ、それをまた描いていくと、新たな洞察やビジョンが浮かび上がってくるのです。組織が息を吹き返すかのように動き出すのを感じる瞬間です。

こうして現場でスクライビングの力を感じる一方で、場で起こっていることを伝える難しさも感じてきました。生成的に描くことができる人が増え、共に未来を生み出すような対話が起きる場が増えてほしい。そんな願いから、私はスクライビングの講座も開催しているのですが、講座に参加する皆さんによく聞かれるのは、「どうやったら綺麗に描けるのか？」といった、やり方やスキルについてです。もちろんそれも重要なことです。しかし更に重要なのは、描くときの在り方です。そもそも何のために描くのか？　なぜ自分はこの線を引きたいのか？　なぜ描き、場に居留まるのか？　この理由を自分と向き合って深めていくことが、必要なのです。

ただ在り方を説明するのは、とても難しいことです。目に見えないですし、部分的なコツを伝えてそれをなぞってもできるようになるものではありません。ケルビーは、この在り方を絶妙なバランスで、自身の体験をもとにモデル化しています。私が、講座のなかで「実践を通して掴むしかないよ」と言っていた部分に、見事に居留まって、具体的な実践モデルへと表現しているのです。

今は、大変不確かで不安定な世の中です。その中で未来を切り開いていくには、勇気を持って未知の領域に踏み込む必要があります。残念ながら、私たちは、曖昧さにとどまることが苦手です。わかりやすいアウトプットや手段を求めます。何かをクリアにさせると、わかった気になりスッキリします。これは、「役割を果たす」「これまでどおりの枠に収める」「間違ってはならない」という文化的傾向の強い日本では、なおさらかもしれません。この本は、この領域に踏み込む勇気を「スクライビング」という表現をもとに奮いたたせてくれます。

そして、アーティストでありながら、さまざまなビジネスや社会変革の現場で活躍している著者だからこそ、本書は彼女自身の仕事である「描く」ことに軸足を置きながらも「言葉にならないものに目を向ける、在り方とは？」「そこから個人や社会の未来を、生成的に見出すとはどういうことか？」といった問いを持って場づくりに関わる方々にとっても、示唆に富む内容になっています。

私は、本来人は皆、生まれながらにして「アーティスト」なのだと思っています。アーティストとして、何かをこの世に生み出すために生まれてきたのだと。ケルビーはこの本をとおして、「組織や社会の未来を、一人ひとりがアーティストとして生み出そうよ！」と声をかけてくれているように感じます。人が何かを生み出すということをちゃんと信じていたら、必ずしも絵ではなくても、音楽やダンス、企画立案やプレゼンテーションでも、それは人の持つオリジナルの表現として、みんなで未来を作っていくための活動になる。そういった一人一人の表現を、どう社会の未来につなげるのか？　本書は、現代社会の様式や状態に寄り添いながら、見事にそのやり方を、実践を通じて形にしています。

監訳・訳をした、私、牧原さん、北見さん、そして、編集してくださった安村さんも、ケルビーが驚くほど繊細に丁寧に表現してくれた、この「道」を一文字一文字、文章のニュアンスの一つ一つを自分達の中でイメージし、味わいながら、緻密に日本語に置き換えていきました。私自身にとっては、この体験こそが、自分自身の描写を進化させてくれる大変豊かな機会でした。

そして、あらためてこれだけ細やかに具体的に、この数秒間の魔法を言語化してくれたことの大変さ、そしてケルビーの優しさを感じ、感謝の気持ちでいっぱいになりました。愛情いっぱいのケルビーの想いが皆さんに届きますように。

一般社団法人　グラフィックファシリテーション協会

代表　山田夏子

序文 ——C・オットー・シャーマー（『U理論』著者）

『悲劇の誕生』の中で、ニーチェは、自らが哲学者としてめざすのは「芸術家の観点から科学を見、生命の観点から芸術を見る」ことであると述べています。本書の著者ケルビー・バードはこの本を通じて、スクライビングというソーシャル・アート（人々の集まりとしての社会のためのアート）の世界で、ニーチェが哲学の世界で行ったことを実践しています。ある時代の終わりと、来たる時代の始まりの前兆を示しているのです。

ケルビーとは20年来の付き合いになります。クライアントとして（仕事の折に彼女にスクライビングを依頼してきました）、同僚として（共同で、プレゼンシング・インスティチュートを創設しました）、また友人として、親しくしてきました。ほかのスクライビング実践者たちとも仕事をしてきたので、ケルビーが彼女の同僚たちと共に築いてきた実績がいかに目覚ましいものであるかはよくわかります。

私はケルビーがスクライビングの世界において、有能な実践者から、まったく新しい境地を切り開く真のパイオニアへと成長する姿を目の当たりにしてきました。スクライビングをする際、ケルビーは、私が「源《ソース》」と呼んでいる深い場所から聴くことによって、アイデアや考え、プロセスなどを視覚的に翻訳していきます。スクライビングの目的は、場にいる人々や社会システムが表現したいと思っているものを存在《プレゼンス》させ、また、それを可視化するために、この源という意識のレベルによりアクセスしやすくすることです。

この本の真髄は、その目的を達成するプロセスを紐解いていることにあります。それは直線的なプロセスではありません。場《フィールド》への調和です。スクライビングとは、場を起点に手を動かし、機能させることで、集合的な知識、つまり、そのシステムや場にいる人々が感じ取った感覚を表現するアートなのです。どうすればそのようなことができるのでしょう？それは、自らの心を開くことによって可能になります。そしてそれがうまくいくと、人々の心も開かれ、集合的な意識とつながることもできます。その結果、集合としての足跡が可視化され、人々はそれを鏡のように使って、自分たちの仕事や軌跡を新しい角度から見ることができるようになるのです。

本書は、こうしたことを新たな領域として探究したものです。自らのスクライビングを生成的なものへと進化させたい実践者にとどまらず、社会的な場《ソーシャル・フィールド》（集合的な行動とその結果を生み出している個人、グループ、組織、システム間の関係の構造）を生成的に活性化するための能力を磨きたいと思っているスクライビング以外のソーシャル・アートの実践者、ファシリテーター、プレゼンシングの実践者にとっても、意義深い内容となっています。

第1章の「実践モデル」を読んで、モデルを表すケルビーの描写が逆さまの人間の形に見え、実際にそのように機能することに感銘を受けました。開かれた思考（知る）がいちばん下にあり、開かれた心（在る、捉える、融合する）が中心に、そして開かれた意志（描く）がいちばん上に配置されているのです。ケルビーによる説明のプロセスは心から始まり、行動へと続き、新しい知識で終わります。つまりそれは、頭から始まり手を動かす（そして通常は心を無視する）という従来の知恵の動かし方とは逆の順を辿ります。

私は、ケルビーの描写が、年月と共に、多くの情報を盛り込む描写から、エッセンスだけを捉える描写へと変化していく様子を見てきました。描写が重要な点に焦点を当て、絞り込んでいればいるほど、描写は私やその場にいる人々に、より力強いインパクトを与えます。あるアイデアのエッセンスを捉えるには、そうでない部分をあえて描かない（手放す）勇気が必要です。彼女の描写が場にいる人々に与える影響力を見ると、彼女の技術が確実に実証されているのがわかります。また、ファシリテーターとして感じてきたのは、対話の途中や最後でケルビーにマイクを渡すと、彼女はほかの誰よりも深くその場の色調と感情を捉えているということです。今ではファシリテーションを行うときには、発言内容を記録してもらうためだけでなく、共に社会的な場を生成的に活性化するために、スクライビングをする人と組むようにしています。

ミケランジェロは、触れるものすべてを美しく変容させたといわれています。ケルビーと協働し、共創してきて感じるのは、彼女が触れる社会的な場についても同じことがいえるということです。スクライビングは、独りで実践するのは不可能なソーシャル・アートです。自らの内面を育み、洗練させることも必要です。そして、ケルビーはそれをマスターしているのです。本書は、その深い領域へ読者を案内してくれます。どうぞ、お楽しみください！

場から未来を描き出す

目次

もくじ

場から
未来を
描き出す

はじめに

私たちの動作は、壁にスクライビングをすることであれ、日々の暮らしの中でするものであれ、どれも人類が生存し、進化するうえで意味があるものです。

「スクライビング」という動作は、可視化する行為です。アーティストが、人々の話していることを言葉と絵で配置していき、話している人たちは、ひとつの描写ができあがっていく過程を目の当たりにすることができます。そしてその描写が、話している内容をつなぎ、洞察を与え、意思決定の手助けをします。つまりスクライビングは、グループでの学習や、文化のなかでの記憶の共有を促す、言葉と絵を編み合わせた言語なのです。

この本でご紹介する「生成的なスクライビング」は、

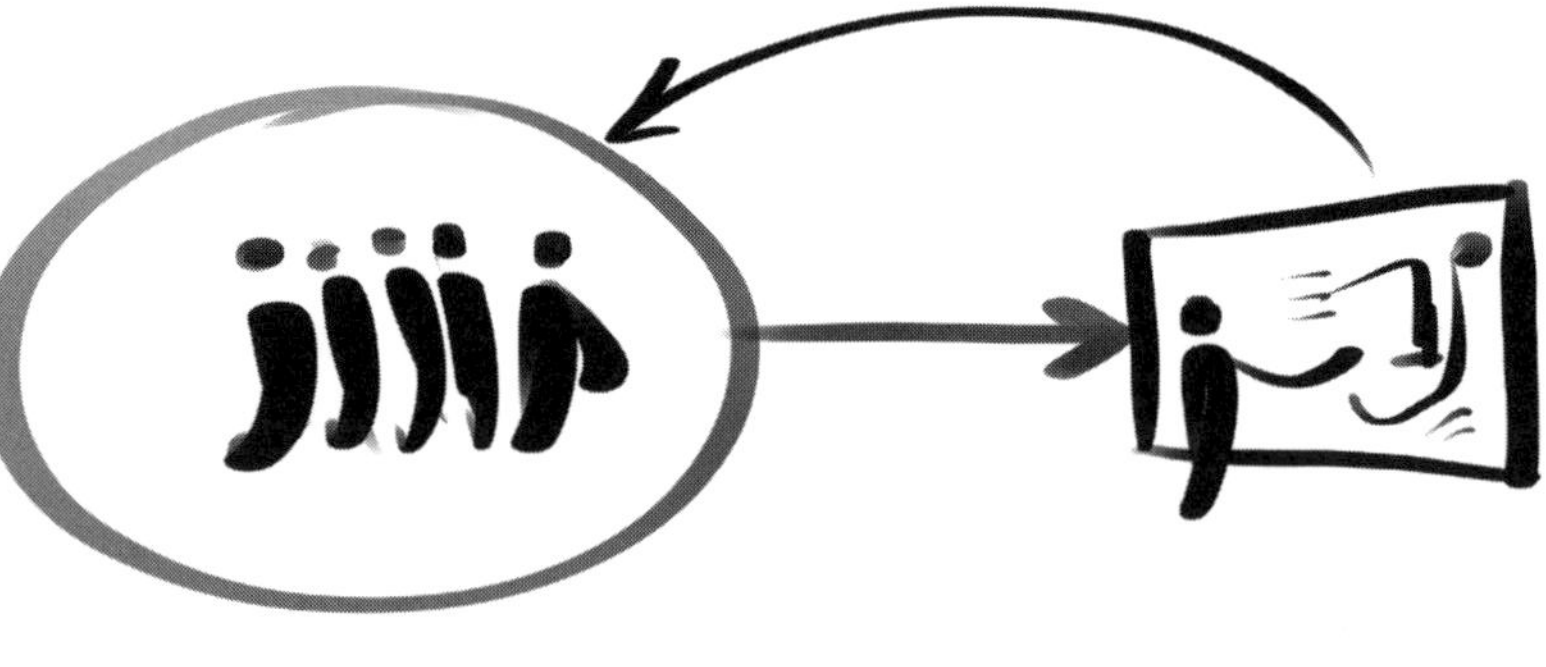

スクライビングの領域をさらに一歩進めたものです。生成的なスクライビングの実践者（以下、スクライブ）は、場のエネルギーに調和して描きながら、意識の範囲を目の前の人々にとどめることなく、生態系《エコシステム》の全域にまで広げます。社会的な場《ソーシャル・フィールド》で創られ、社会的な場によって、社会的な場のために命を吹き込まれた出現しつつある現実に、特に注意を向けます。描写が、対話におけるシステムの文脈を超えることはありません。一方で、そのシステムを反映した描写の助けなしに、人々は、自分たちのいるシステム全体を十分に理解することができません。話をする人々と描写の間には、参加型で相互的で共創的《コ・クリエーティブ》な関係性があるのです。

生成的なスクライビングは、21世紀ならではの可視化の手法であり、アートの形です。リアルタイムに、文化の境界を超えて、社会を見る装置として機能するアートなのです。

生成的なスクライビングは、その相互性や共創性によって、人々を神聖な在り方へと導きます。個別の事情よりも人類全体に目を向けられるようになるのです。皆で特別なメガネをかけて、静かな池の中から、日食を見るような感覚です。一緒に池を泳ぎ、お互いの視点を共有することで見える日食です。「池」と「メガネ」という共通の文脈を持つことで、私たちの精神は生き返り、あらためて観ることができるようになるのです。スクライブが、

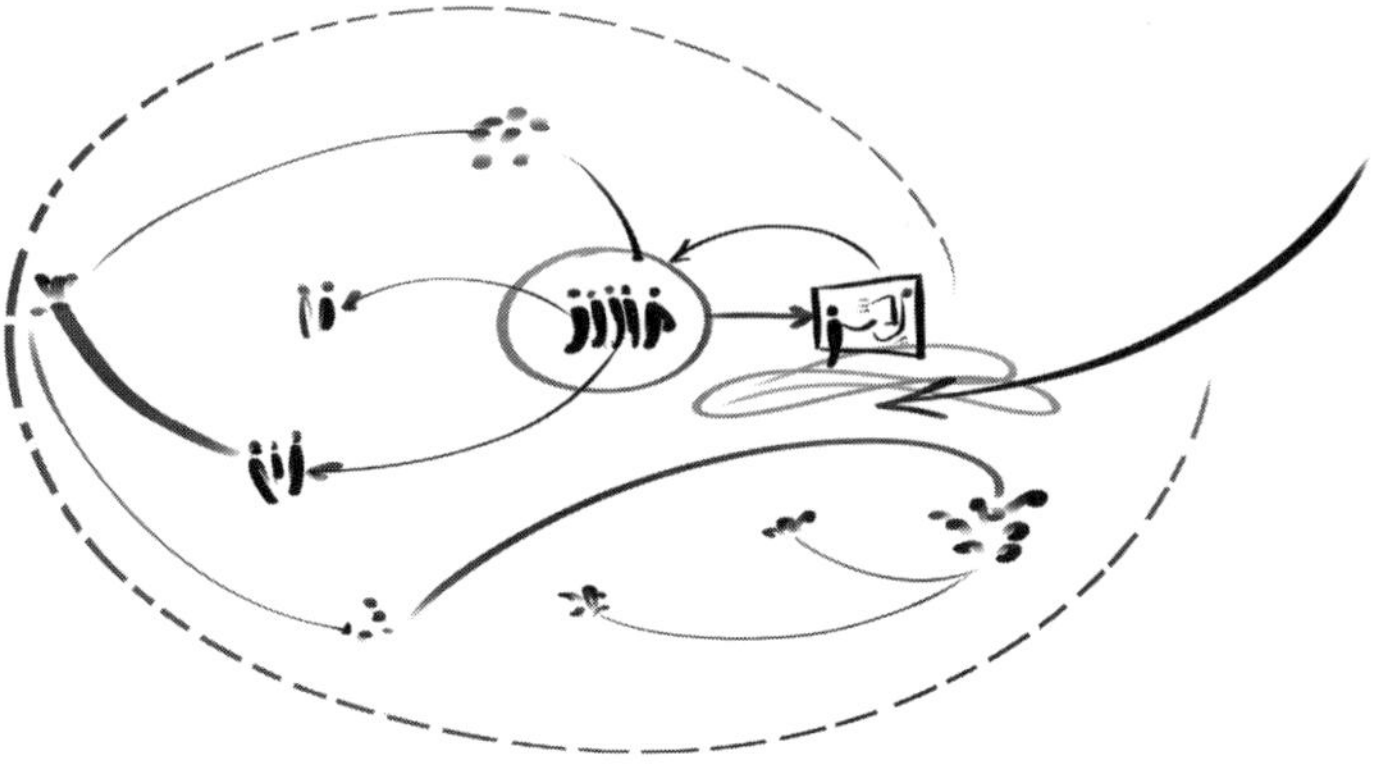

人々の前で、リアルタイムで描写していくことによって、特別な「メガネ」をかけたように、その人たちのありようは、見て、触れて、知ることができる状態になります。そうすることで洞察が生まれる環境、例えるなら「池」を、提供するわけです。

先に進む前に、ここでスクライビングが辿ってきた物語を見てみましょう。

スクライビングは、現代的な可視化の手法として、１９７０年代初頭にカリフォルニア州のベイエリアで取り入れられました。一般的には、絵やマップ、図やモデルを通じて、未知のものを明らかにする行為と定義されています。[1]

グローヴ・コンサルタンツ・インターナショナルの創業者、デヴィッド・シベットが、組織内の共通認識を円滑に生み出す手段として「グループ・グラフィックス」という用語や、そのようなメソッドの総称として「グラフィック・ファシリテーション」という用語を考案しました。[2]

スクライビングにはさまざまな種類があり、リアルタイムで描写していくといってもアプローチの仕方は少しずつ異なります。その一つが、「グラフィック・レコーディング」です。これは通常、言葉と絵を対にして描いていく方法で、話を内容どおりに書き取ったり、配置したりします。そこから派生したものとして、最近はたとえば「スケッチノーティング〔手描きのイラストや図を用いてノートを作成する方法〕」「ドゥードリング〔らくがき〕」「マインド・マッピング」などの用語も一般的になっており、いずれもそれぞれの特性を生かして活用され、独自の発展を遂げています。また、アニメーションやモーション・グラフィック、マンガ、そしてバーチャル・リアリティの技術との連携にも、触れておかなければなりません。おかげで近年では、プロのスクライビングを体感する機会は驚異的に増えています。[3]

スクライビングの実践者たちの学びには、はっきりとした世代的な波があります。以下、

1　ロバート・ホーン『10年15年先の視覚的言語と技術の合流(未邦訳)』、アメリカ国立科学財団の技術の合流に関する会議のための文書、2001年12月

2　デヴィッド・シベット『グラフィック・ファシリテーション回顧録(未邦訳)』　http://davidsibbet.com/wp-content/uploads/2016/12/GF-RetrospectiveUpdated.pdf.

3　最近よく見かけるようになったホワイトボード・アニメーションを考案したのは、才能あふれるコグニティブの創設者、アンドリュー・パークです。この手法は、英国王立芸術協会(RSA)アニメート・シリーズを通じて広く知られるようになり、動画はYouTubeで何百万回もの視聴数を誇っています。コグニティブのサイト：www.wearecognitive.com.

まとめてみました。

1. **1970年代：第1の波、創始者**――デヴィッド・シベット、ジェニファー・ランドー、インタラクション・アソシエイツのマイケル・ドイルほか、グローヴ・コンサルタンツの創設メンバー。（アメリカ、カリフォルニア州）

2. **1980年代：第2の波、創始者**――ジム・シャノン、マット・テイラー、ブライアン・コフマン。いずれもMG・テイラー・コーポレーション。（アメリカ、コロラド州）

3. **1990年代：第3の波、初期の実践者**――創始者たちのもとで学び、この分野に新たな種をまくことに貢献（アメリカ）。また、その技術を経営コンサルティングや組織改革、NPOなどの場面で実践し始める。（この頃から、カナダ、ヨーロッパにも広がる）

4. **2000年代：第4の波、実践者から直接学んだ人たち**――前世代の先人たちから実践を通じて直接学ぶ。マーカーで実際にボードに描くだけでなく、デジタルな手法も導入し始める。（オーストラリアにも広がる）

5. **2010年代：第5の波、独自に学んだ人たち**――それまでの実践者が出した本やビデオなどを参照し、独学で学ぶ。（中米、南米、中東、インド、アフリカ、アジアにも広がる）

6．2017年：第6の波、共同で実践した人たち、イノベーター、探究者——地域の壁を越え、ベスト・プラクティスを広く共有し、新しいアートの形として進化させる。既存の可視化の手法に、各地域で伝承されてきた知恵や精神性などを取り込み、人類の進化への道筋を意識するようになる。

私にとっての最初の師匠の1人、ブライアン・コフマンによると、「スクライビング」という用語は、遅くとも1981年にはすでに現在の意味で使われていたそうです。当時、ワークショップ中に壁に描写するというナレッジ・ワークを担当していた人たちは、「ウォール・スクライブ」と呼ばれていたのだといいます。[4] またコフマンは、こんな話もしていました。「エジプトでは、スクライブ（書記）たちが実際に起きた出来事を記録しており、その役割を担っていた者は、〝セシュ〟と呼ばれていた」[5]

ウィキペディアによると、〝セシュ〟の語源でもあるエジプトの女神セシャトは、知恵と

4　ウォール・スクライビングでは、グラフィック担当者が1、2人で話し合いを聴きながら、内容を描写していきます。参加者にとってグラフィックは、即時のフィードバックであり、ビジュアルによる話し合いの翻訳なのです。(『DesignShop Staff Manual, Athenaeum International, Version 3.3(未邦訳)』所収、MG Taylor Corporation、1991年)

5　ドナルド・フレイザー『古代エジプトのスクライブによるヒエログリフと計算第1版(未邦訳)』には、こう書かれています。「スクライブを意味する古代エジプトの〝セシュ〟という語は、女神セシャトに関わる職業であったことが起源である」

知識をつかさどり、文字を創ったとされています。「セシャトは通常、刻み目のあるヤシの茎を手にした姿で描かれており、これは時の経過を記録するということを意味する。ほかの道具を持っている状態で描かれていることもある。多くの場合、土地や建造物の測量に使われた結び目のある紐を持っている」

これは、とても興味深いことだと思います。現在でいうスクライブの役割は、このセシャトの役割とぴったり重なるからです。道具や手段は新しくなったとしても、私たちが行っている仕事は、時の経過を記録し、文化の内側にある構造を描き出すことで、その文化に資することです。それぞれの描写は何らかの領域を可視化し、特定の社会的身体《ソーシャル・ボディ》〔社会全体のシステムを一つの身体として見立てる考え方から、このように呼ぶ〕がその領域を理解する手助けをします。それは会社の経営戦略の場合もあれば、市の保有地の開発や、家族の海外への引越という場合もあります。

先史時代の洞窟の壁画も、生き物の存在や行動を記録し、図で示すという役割を果たしていました。アメリカ先住民族の聖なる環、チベット仏教徒による砂曼荼羅、アボリジニのアートに見られるドリームタイム〔天地創造の神話〕。古代から現代にわたって共創されてきた視覚的なアートの数々を見ると、それらのソーシャル・アートは、私たち人間と、私たちをとりまく生命の力とのつながりを意識した、スピリチュアルな発想が原点となっていることがわかります。

私は、自分が何者でどんな役割を担っているかを定義づけるにあたって、「スクライブ」

という語に引き寄せられました。この言葉に、何か根源的なもの、時代を超えて永久に存在するもの、1人の人間の一生など超越した人類への奉仕を感じたのです。

スクライブは、共に観ること、人が進む方向を見出すことを、アートという形で補助します。

スクライブは、生きた「人工物（グラフィック）」を作るために、可能な限り中立的な方法で情報をグラフィックに反映します。描いたグラフィックはデジタル保存し、それをクライアントに配るという形で手放します。議論が終了した時点で、ボードに描いたグラフィックを直ちに拭き消してしまうこともあります。

それは、ほんの束の間のプロセスです。デジタル画像は、参加者のスマートフォンや資料の中に残るか、ポスターやレポート、図書館の展示品にするため、あるいは制作過程を見ていない欠席者に配布するために印刷されるだけです。

しかし、スクライビングというアートの本来の価値は、その場全体で共有する源《ソース》や内省であって、物理的なグラフィックはただその残響でしかありません。グラフィックという人工物を作っていく過程でこそ、参加者は選ぶべき道を見出し、方向性を見つけることができるのです。スクライブの役割は、参加者をより大きなビジョンへと誘い、行動に結びつける手助けをすることだといえます。

スクライビングは本質的には参加型のソーシャル・アートです。

画家のワシリー・カンディンスキーは、アートとは、純粋な線と形と色彩を通じて、内なる生命を生き生きと解放させる手段だと考えていました。[6] スクライビングは抽象表現としての2次元の面を超え、社会的な場の内なる生命を活性化します。まだ目には見えない(でも、感じられる)、人間同士の相互作用の領域を活性化するのです。

今も昔も、2次元のアート制作は、閉じられた私的な場で行われる創造行為です。画家は通常、独りアトリエにこもり、自らが体感する現実をもとに描写します。ときに、描いたものが展示され、購入され、家庭や公の場に飾られ、鑑賞され、そして見る人の会話のきっかけになります。

一方ソーシャル・アートとしてのスクライビングは、制作過程が公開され、人の目にさらされ、その場のフィードバックに依存する行為です。複数の参加者がいなければ成り立ちません。スクライビングは、聴かれたがっている声や見られたがっているものと調和しながら、有機的な方法で人々の状況に形を与えます。一人のアーティストの視点ではなく、創造行為に関わる多くの人々のインプットによって、できあがっていくのです。

参加者に背を向けて描いているとき、私は参加者の話の内容と、彼らから伝わるエネルギーに関わります。[7] そして、私が聴き取ったもの、感じ取ったことに対して、リアルタイムに対応することにより、その描写が迅速に話し合いに取り込まれていきます。描写には、場に起きていることを鏡のように映し、内省を促すことで、参加者の思考に瞬時に影響し、変容させる力があるのです。

実際の描写とその描写を受け取ることとの間には、自己強化型ループがあります。ループによって、場にいる人たちが共有する理解の幅が広がっていき、その結果、人々はより大きな可能性を感じられるようになるのです。（付録図1参照）

スクライビングは、人々が場で起きていることの意味づけを強く願って初めて本来の力を発揮します。スクライブは、人々が話し合っていることはなんなのかを目で見える状態にするために呼ばれるのです。

スクライブの手によって形になるのは、その場で現れる必要があった内容であり、それ以上でもそれ以下でもありません。どれほど熟考を重ねたとしても、グラフィックとして表れるのは、そのとき場にいる人のシステムが辿り着けるところまで。そのときの時間の一節が切り取られているのです。

霧の中を航行するとき、船乗りは、ブイの誘導音が聞こえるスピードで進みます。指圧師

6 ワシリー・カンディンスキー『抽象芸術論――芸術における精神的なもの』（西田秀穂訳、美術出版社、1977年

7 私はよくグラフィックの受け手のことを「参加する観客」と呼んでいます。アーティストの表現を受動的に受け取るだけでなく、制作に能動的に関わる当事者であることを意識してもらうために、あえてそう呼ぶのです。

が患者の首に施術するとき、脊椎に無理な動きをさせることはありません。状況が許す速さでしか動けないし、対応できる範囲にも限界があります。スクライブは、その場の限界に自らを合わせ、その場の動きを尊重するのです。

私が話を聴く、描く。参加者の皆さんはグラフィックを見る、そして話す。聴いて描いて。見て話して。見る聴く話す描く。皆さんが話して私が描き、みんなで見る、みんなで聴くという感じ。流れるような動きです。

スクライビングがもたらすのは、関係性から観るという方法です。

色彩理論を説いたドイツ出身の美術家ジョセフ・アルバースが1933年にノースカロライナ州のブラック・マウンテン・カレッジに教えに来たとき、片言の英語でも彼の教育の目的は十分に伝わったのだといいます。その目的は、「眼を開く」ということでした。[8]

私自身、物事の関係性について真剣に探究を始めたのは、大学で受講した「色彩、形、および空間」という授業で、アルバースの名著『配色の設計――色の知覚と相互作用』を学んだときです。担当だったノーマン・デイリー教授は、「色は独立して存在しているわけではないことを証明せよ」という難しい課題を私たちに投げかけました。授業のなかで出た、ある宿題が印象に残っています。グレーの小さい紙片を2つ用意し、それぞれ色の異なる2枚の大きな紙に1つずつ置くというものです。やってみて、衝撃を受けました。同じグレーの色が、黄色の中では紫に見え、赤の中では緑に見えたからです。

描く者として、私はあらゆる場面で色と物との関係性を、敏感に感じ取るようになりました。たとえば、インディゴに対するベージュは、スクリーンに虫ピンで固定された蛾が暗闇の中で光を求めているイメージ、というように。そして私の探究は、物質的でないものへと広がっていきました。隣り合わせの異なるアイデア（私の視点、あなたの視点）……横に並んでいる感じをいったいどうやって表現できるだろう？　隣同士の2人の人間（私の体温、あなたの体温）はどうか……感情の揺れのある場をどうやって伝えるか？

やがて、1995年にサンフランシスコで共同アートプロジェクトに参加しているとき、マット・テイラーとゲイル・テイラーを紹介されました。マットは建築家でゲイルは教育者。

8 『見る前に跳べ――ブラック・マウンテン・カレッジ、1933-1957年』ボストン現代美術館における展示、米マサチューセッツ州ボストン、2015年10月-2016年1月いわゆる「グループ・ジーニアス〔グループのコラボレーションにより、天才に匹敵するアイデアを生み出すという考え方〕」を使って難しい問題を解決するための方法論を開発した2人です。[9]私は彼らの招待で、「デザイン・ショップ」というNASAのための3日間のプログラムに、見習いスタッフとして参加させてもらいました。参加者全員で協働し、没頭して、風洞〔実験のために、人工的に風を発生させる装置〕の新たな利用価値を構想するというものです。強く印象に残っているのは、ほとんど自律的に動いていた12名のチームのことです。100人を超える不安と熱意を持ったあらゆるレベルの政府の職員たちを、彼らはさまざまな手法を用いてファシリテーションしました。室内の配置を考え、椅子を並べ、課題を書き、情報を提供し、コンセプトを説明し、記録し、映像を撮り、音楽を演奏し、そして、そう、スクライビングをしたのです！　そのとき私は、アートがそのような形で人々の思考を形づくるのに役立つことに、非常に驚いたことを覚えています。

このプログラムの環境自体が、私の関係性への興味を広げてくれました。参加者たちは、3日間を通して、彼らのコンセプトを6×8フィート（約183×244センチ）のホワイトボードに文字やグラフィックで次々にかき表していきました。参加者の誰にでも見えるように思考を可視化していったのです。個人や小グループのアイデアをかき表した大きなホワイトボードがずらりと並んでいるところを見て、私は色彩について学んだことをチームのダイナミクスに生かす方法を思いついたのです。

そして、大勢の人のさまざまなアイデアを1箇所に表示するというやり方と、そしてそれが場全体の意識や洞察を刺激するということを知りました。アイデアは（色彩実験のグレーの紙のように）、どんなアイデアの隣に置かれるかによって、共鳴する場合もあれば不協和音が生じることもあるのです。

それは一面にモザイク画が施された聖堂に入っていくのと似ていました。カラータイルのひとつひとつにはそれぞれ独自の色があるのに、作品全体の中ではその色は存在感を失っている。ずらりと並んだホワイトボードは、まるで新しい人間同士の交流方法への道のように思えました。

個別の色、モザイクのタイル、アイデアが描かれ並べられたいくつものホワイトボード、1つの部屋に集まって話したり聞いたりする人々――個々の部分が集合すると、いま目に見えている現実を超越するのです。

社会は今、「観る」ことを切実に必要としています。

アルバースがアーティストの卵たちの眼を開こうとしたように、私は「観る」ことの可能性を広げるためにこの本を書きました。地球温暖化、広がる格差、終わりのない暴力の

9　ゲイル・パーガミット、クリス・ピーターソン『淵を跳び越える――グループ・ジーニアスの活用法（未邦訳）』knOwhere Press、1997年

連鎖をはじめとする世界的な課題。自分たちの行動を直視し、変えて、方向転換しない限り、私たち人類は、じわじわと絶滅への道を歩んでいくことになります。

人類は歴史上、人為的であるか否かにかかわらず、破壊や縮小の時代（黒死病、ホロコーストなど）にくり返し直面しており、もしかすると、その都度、現代のような存続の危機を感じてきたのかもしれません。[10] しかし、今日私たちが歴史上比類がない状況を抱えているのは確かであり、生命を守るために、これまでにない切実さをもって自分たちの破壊行為を直視する必要があります。

「観る」という助けがあることで、私たちは共に進むべき道をよりはっきりと選び取り、定めることができます。個人がそれぞれの理解の領域にとどまっている場合とは異なり、意見が共有され、全く違った形で問題解決をできるようになるのです。

今は、短期的な課題に目を向けるだけでなく、長期的な視野を持つべきときです。自分自身や周りの人々が持つポジティブな可能性にためらうことなく、決意をもってアクセスすべきときなのです。

今こそ、眼を開き、はっきりと観て行動するときです。

今日私たちが直面する大きな課題が求めていること。それは、外在する現実問題により適切に対応するために、私たちの内面をあらためて整えることです。

私は、内側から外側に向かって意識を開き、過去30年余りにわたる自分の経験の荷ほどきをしながら、この大きな転換に資する一つの実践として、生成的なスクライビングをしています。

本書は、現在と未来のスクライブが、描くものの影響力、そして、このアート自体の可能性を広げていくことを願って、書いたものです。

また、ペンの代わりに調理器具やガーデニングの道具を手にする皆さんや、地域団体から都市計画、そして国家政策にいたるまで、さまざまな場で活躍する皆さんのための本でもあります。たとえば、「描く」という言葉を「調理する」に、「(絵を描く)壁」を「テーブル」に置き換えていただくだけで、本書の意味がさまざまな場面に応用できるはずです。

人間がどのように共存するのかに関心がある方、自らの内面の作用を探りたいと思う方、世の中に対する新しいアプローチの仕方を模索している方なら、どなたでも参考にしていただけるでしょう。

10　トビアス・ストーン「ブレグジット&トランプで世界はどうなるかを歴史に学ぶ(未邦訳)」2016年、Medium.com(https://medium.com/@tswriting/history-tells-us-what-will-happen-next-with-brexittrump-a3fefd154714)

この本について

本書はテクニックではなく、実践するためのアプローチを書いたものです。生成的なスクライビングとは、集合的に方向を見定めるための規範の一つであると、私は考えているのです。

本書の中では、協働的デザイン、対話、システム・ダイナミクス、プレゼンシングのほか、関連するソーシャル・テクノロジーの数多くの分野のパイオニアたちについてもご紹介しています。彼らの実践を描く中で、共に人間の可能性を探究しながら、彼らの発見を視覚的に表現していくという、かけがえのない機会に恵まれました。文中でも参照しますが、巻末の付録に収めた図の多くは、このようなパートナーシップによって生まれたものです。

本書では「私たち」という主語・主体をしばしば使っていますが、この言葉には、私やほかのスクライブたちだけでなく、一緒に議論した人たちも含まれます。あえて「私たち」ということで、生態系《エコシステム》を意識し、彼らと高め共有した「未来の状態」から書くことを選択しました。一方、「私」という主語を用いるときは私個人の実践についての話をしています。精神的、神秘的な学びが多いかもしれません。

それらを構造化したものが、第1章の実践モデルです。ここでは実践の概観と、私がスクライビングを発展させるうえで影響を受けたさまざまな枠組みを説明しています。第2

章以降は、モデルにある主要な領域を扱っていきます。それぞれの領域で、内面を育むうえでのカギとなる要素についてご紹介します。「描く」という目に見える行為の支えとなるものです。

本書の流れを簡単に図に表すと、次頁のようになります。

スクライビングは、図にある要素すべてを統合し、流れる動きのなかで実践します。一瞬一瞬の創造の過程では、それぞれのステップを1つずつ段階的に踏むというより、即興で踊る一連のダンスのステップのようなことが起こっているのです。

同様に、本書も最初から順を追って読まなければならないわけではありません。読者の皆さんには、ぜひ思いのままにページを開き、あちこちへ飛んだり印をつけたり、角に折り目をつけたりしながら、楽しんでいただきたいと思っています。今日必要のないところは飛ばし、響くものがあると感じたところを、じっくりと読んでください。

枝に新芽がふくらみ、大空に渡り鳥が飛び、解け終わるつららの先から水滴がこぼれおち、そしてだんだんと日が長くなり、光で満ちていく。このささやかな1冊の本が、そんなきりりとした春の朝のような明るい見通しをお届けできたらと思っています。

力を抜いて、自分にあったタイミングで、驚きの目をもって、吸収してください。

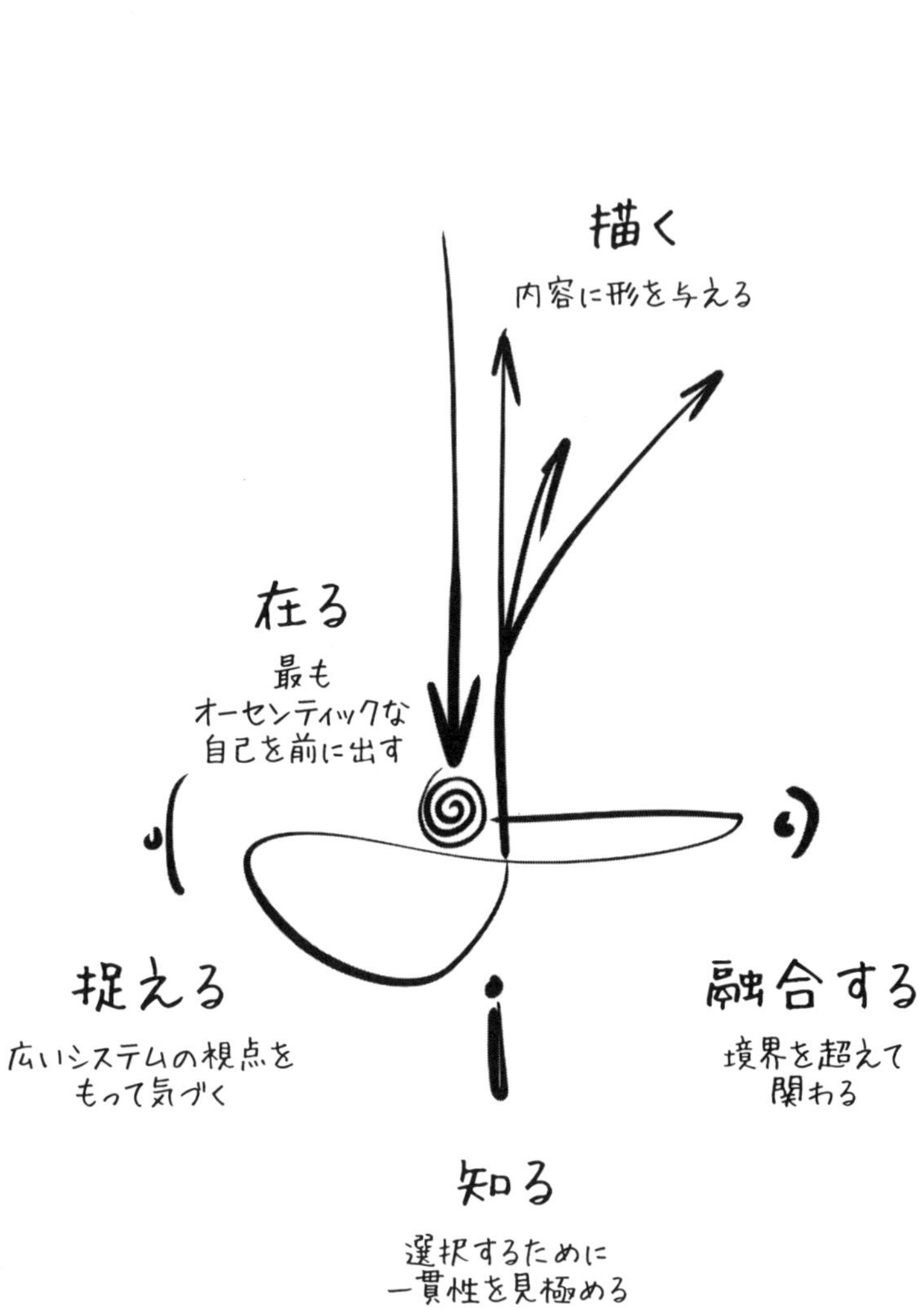
描く
内容に形を与える
在る
最も
オーセンティックな
自己を前に出す
捉える
広いシステムの視点を
もって気づく
融合する
境界を超えて
関わる
知る
選択するために
一貫性を見極める

1 実践モデル

実践モデル

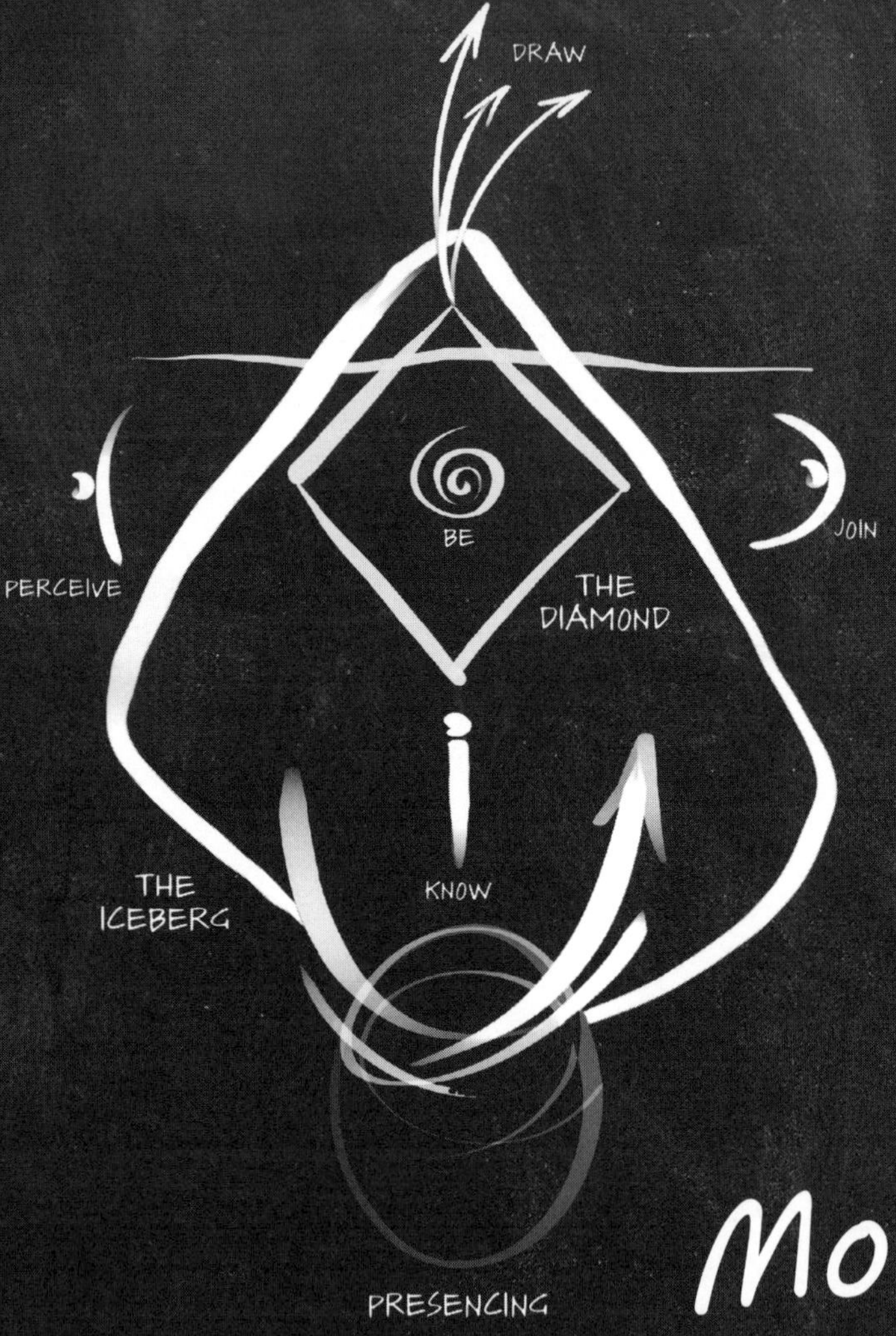

Model of practice

私たちが何かするときには、準備をしますよね。たとえばケーキを焼くとき、材料を混ぜ合わせることなく、いきなりオーブンに入れたりしません。それと同じで、スクライビングをするときも、いきなり描くのではなく、まず発言の内容を聴き、自分の中で情報を処理しなければなりません。

このすばやい情報処理は、最後の発言者が話し終わるまで、絶え間なく続きます。クッキーを焼いている間に、次にオーブンに入れるマフィンの生地を準備するような感じで、複数のレベルで同時並行的に下準備を行っているのです。

内面と外面に同時に注意を向け、複数の情報を処理しながら即興で描く。この実践モデルは、そのためにどうやって内面を整えるのかについてまとめたものです。

20年にわたり、人・組織・社会的力学に精通した多くの方々と一緒に仕事をし、何度となくスクライビングの説明を試みてきた中で辿り着いたのが、このモデルです。

スクライビングとは何をすることなのかと聞かれれば、「参加者が話をしていると同時に、描くこと」と言うことができます。そして、「同時に」起こっていることのなかにあるのが、このモデルを形成する重要な要素、すなわち、**在る**、**融合する**、**捉える**、**知る**、**描く**という5つの領域です。これらの領域は1つの「器《コンテナ》」の中にあり、そこに場《フィールド》と源《ソース》から情報が注がれることで、信頼関係が育まれます。

この章では、私がこれらの領域を形成し、実践モデルを生み出すにあたって、大きな影響を受けた次の3つの枠組みについて説明します。

1. **ダイアモンド**：スタンスと行動を支える枠組み
2. **氷山**：視座・観点を高める枠組み
3. **プレゼンシング**：器、場、源と関連して、出現する未来に自らを置いてみるための枠組み

このような考察や実践モデルをご紹介したとしても、グラフィックを描く技術や行為自体が重要ではないとは思わないでください。そういった側面も非常に重要です。結局のところ、実際に可視化されたものこそが、参加者とコミュニケーションをとるのですから。

考察やモデルは、皆さんがスクライビングの実践を学び、広げるにあたって、土台となるよう考えたものです。皆さんがしていることの意義をより鮮明に捉え、周りからの理解を得るために説明するうえで、役立ててもらうことを目的としています。

枠組みを心に留めておくことで、5つの領域のバランスをとることができます。

私たちは、ホワイトボードや壁の前に立って、大量の情報を処理しながら、あるいはセッションの合間に考察したり描き直したりしながら、バランスをとっています。

スクライブではない読者の皆さんにとっても、この先ご紹介する内容は、何らかのデザインやファシリテーションを行う際に役立つでしょう。たとえば、相手方と難しいやり取りをしなければならないとき、柔軟になることや、関心を向け、器をケアすることが必要です。問題解決に向けて別のアプローチを模索したいときには、フレームを作ったり、リフレームしたりすることが有効です。また、新たなキャリアの可能性を探ろうとしているときは、見分けることと心に描くことができるとよいでしょう。

思慮深く意図を持ちつづけることが求められる活動をする皆さんにとって、本書が道しるべとなれば幸いです。

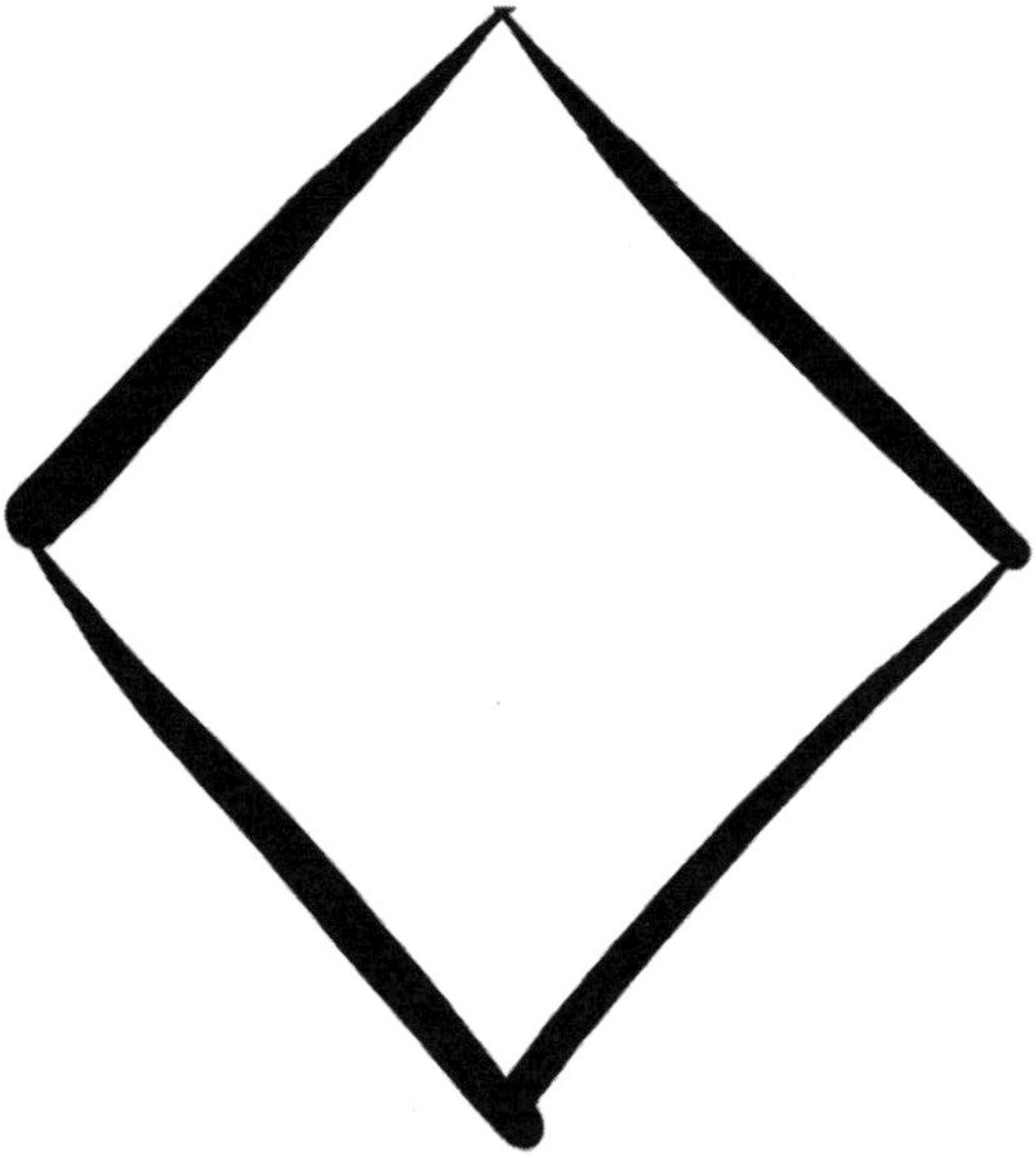

ダイアモンド

the diamond

ダイアモンド型は、実践モデル、そして本書全体の基盤となる構造です。人材開発や組織開発の研究者たちは、個人間あるいはチームのなかでの力学を観る視点として、この形を使ってきました。この形には、このあとご紹介するように、文脈に応じたバリエーションがあります。しかも、さまざまなダイアモンドを重ねていくことで、ダイアモンド同士が補強し合うのです。その奥深さには、実践の中で何度も驚かされてきました。

どのダイアモンド型の枠組みも、「バランス」を追求します。各頂点をつなぐ軸からバランスを見て、足りないものを取り入れるのです。

11 「切り取った時における行動」(behaviors in time)とは、一つのプレゼンテーション、あるいは対話など、限定された時間の範囲内に見られる行動を指します。これに対し「経過を辿る時における行動」(behaviors over time)とは、異なる状況や結果にまたがる行動を意味します。これについては第4章でより詳しく述べます。

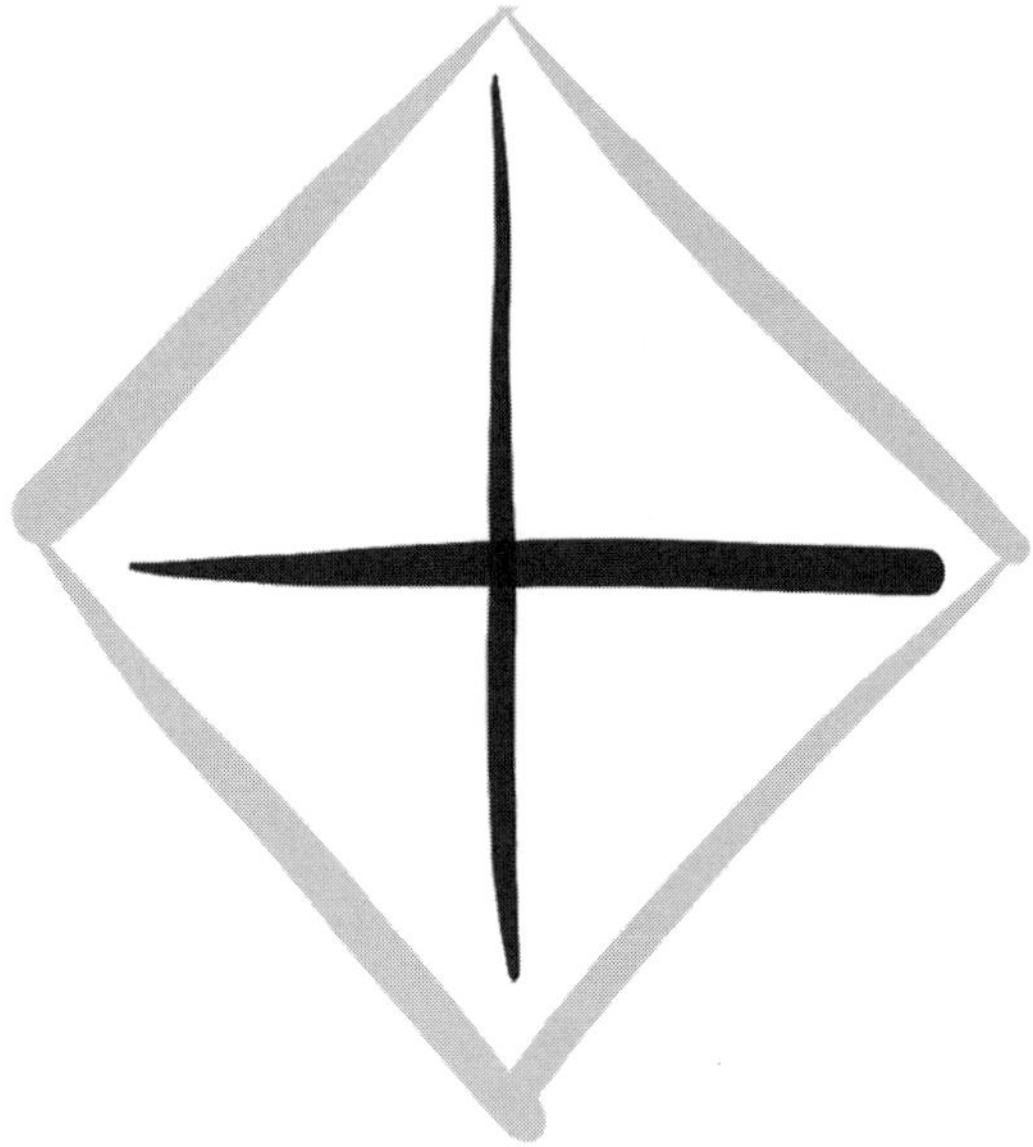

主張と探究

advocacy and inquiry

このダイアモンドは、クリス・アージリスとドナルド・ショーンの発想を元にしています。彼らは、会話のなかでの発言は「主張」と「探究」という2つの軸で位置づけられると考えました。私の経験からも、スクライビング中に耳にする発言は、すべてこの2つの軸で位置づけられます。つまり、発言者は主張している（自らの意見や権利を述べている）か、探究している（すぐに答えが出るかどうかはともかく、何らかの質問をしている）か、そのどちらかなのです。この2つの軸だけを基準に壁一面の絵を構成することもできます。

ファシリテーションでは、発言が両方の軸に及ぶことを望みます。自分の視点を述べる声が多く出るときは、ほかの視点の意見も出るように促す技術があることが望ましいですし、話題が堂々巡りするときは、一つの方向に向かうような提案ができる勇気を持ちたいものです。

同じことはスクライビングでもいえます。もしも健全な対話を求めている場で、人々の話が軸のどちらかに偏っていることに気づいたら、バランスをとるために欠けているものを描きます。

たとえばさまざまな観点を語る声が多いとき（「私はこのような提案をしたい……」「いや、そんなことはうまくいくはずがない……」など）、すべての意見を均等に書き出すことがあります。あるいは、問題提起している数少ない発言（「もしこれが……だとしたら？」「この点は考慮しただろうか？」

など）に耳を傾け、強調して書き出すこともあります。視覚的に「探究」を強調して「主張」をトーンダウンさせるのです。（付録図2参照）

同様に、堂々巡りになったとき（「本当にそうかわからない……」「これは理解できない……」など）は、話の流れをハイライトし、あえてぐるぐる回っていることを示すことができます。あるいは、質問をすべて書き出すのではなく、解決策を提案する声を拾い、しっかり強調して書き留めることもできます（「これをやってみよう……」など）。

私たちが主張と探究の割合をどのように表すかは、参加者がどのように話し合いを理解するかに影響をおよぼします。

ホワイトボードが断定的な主張で埋まっていれば、質問や関連性や広がりが不足していることに参加者は気づくでしょう。同様に、疑問形のフレーズや、矢印や、空間ばかりが目立つときは、もっと議論の中身を明確にしなければならないと思うでしょう。視点のバランスを考慮しながら、主張と探究の両方を表すことで、可能性が生まれるのです。

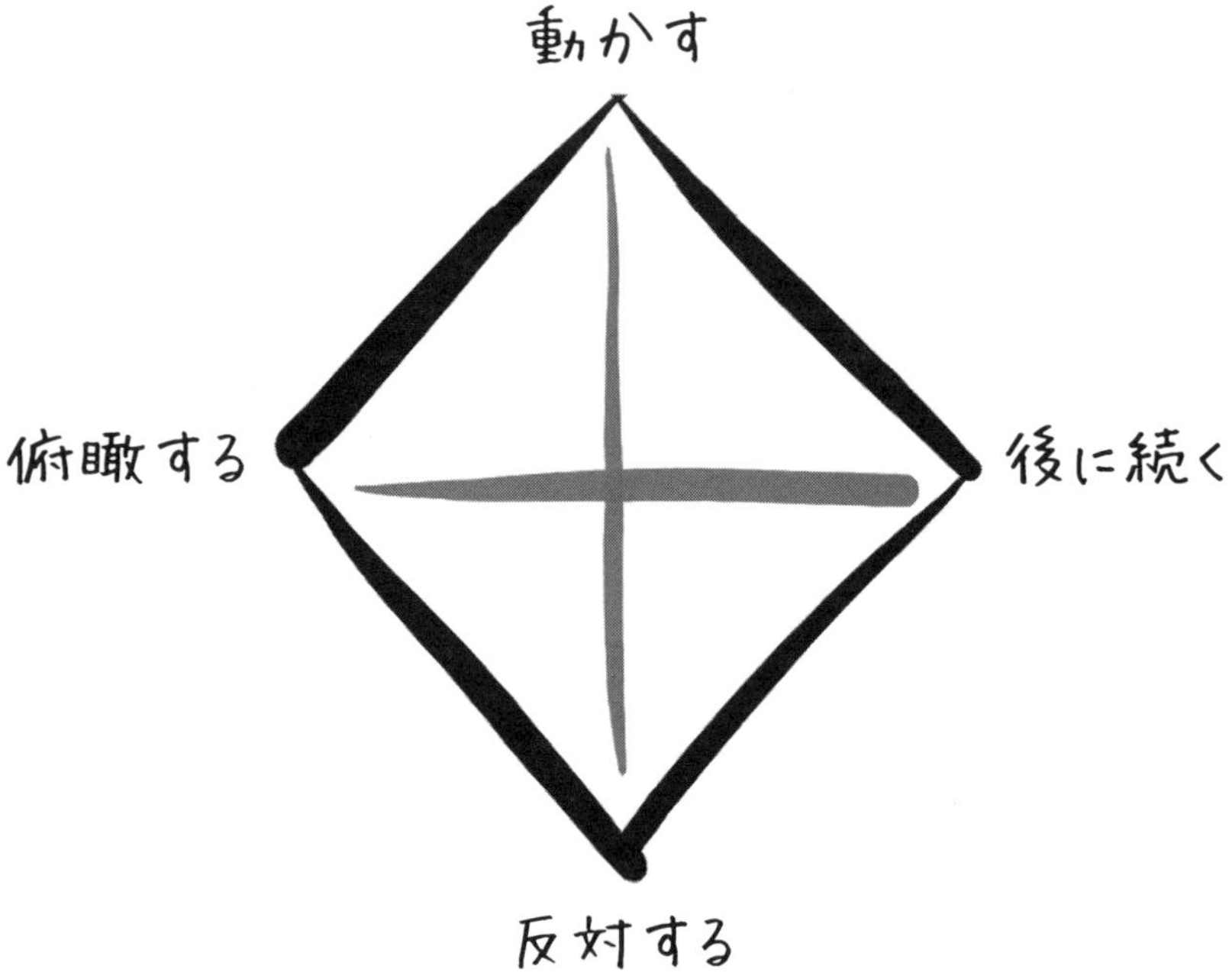

構造的力学

structural dynamics

システム心理学の専門家であるデヴィッド・カンターによる家族力学の研究は、構造的力学論へと発展しました。人の会話のパターンを明らかにし、ダイアモンド上に配置する理論です。[12]

私がカンターの「会話に見られる4つの行動パターン」という非常に応用性が高いモデルと出合ったのは、1990年代の末から2000年代の初めに、コンサルティング会社ダイアロゴスで、ウィリアム・アイザックスと一緒に仕事をしたときでした。[13]「集合的な知性のためのリーダーシップ」という1年間のプログラムに何度か続けて参加した際、私の役割は主に会話の過程を文字で記録すること（図を描いて可視化するのではなく）でした。それには何時間にもわたって参加者が何をどのような順番で発言したか、集中して耳を傾ける必要がありました。現在私が話を聴くときにも、そのときの経験が大きく影響しています。

カンターのモデルでは、言葉を使ったやり取りはすべて、4つの行動または言語行為の組み合わせで成り立つとされています。

12 デヴィッド・カンター『会場を読む――コーチやリーダーのためのグループ・ダイナミクス（未邦訳）』Jossey-Bass、2012年
13 ウィリアム・アイザックス『共に考えるアート（未邦訳）』Currency Doubleday、1999年

・**動かす**：会話の口火を切り、方向性を決める
・**後に続く**：発議を支持し、完遂させる
・**反対する**：異議を申し立て、訂正する
・**俯瞰する**：その場に立ち会い、視点を提供する

「そろそろ次のサイクルに向けて、計画を立て始めるべきだと思う」（動かす）という意見に対して、「それは良い考えだ！」（後に続く）と言うか、「いや、今はまだ始められない。このチームはまだ準備が不十分だ」（反対する）と言うか、はたまた「必要な土台はすべてそろっているだろうか？」（俯瞰する）と言うかには、大きな違いがあります。

これらの4つの行動は、スクライビングにもそのまま適用することができます。たとえば「動かす」を示すには、タイムラインを描くかもしれません。「後に続く」は、そのタイムラインを支えている人のイメージを、「反対する」は、タイムラインから離れた場所で別の方向を見ている人々を描きます。そして、「俯瞰する」は、反対する人々とタイムラインの間のスペースに楕円形やその他の図形をいくつか描くことで、計画が必要であることを示すかもしれません。

「会話に見られる4つの行動パターン」のモデルは、スクライビングに応用することで、個人や集団の立場に気づくための重要なツールとなります。

このツールを使うことで、どんな文脈にあっても、参加者の発言のなかで何が支配的で何が不足しているかを理解しやすくなります。「動かす」「反対する」が得意でも、自分の意見の問題点を考えたり、ほかの参加者の関与を促したりすることがほとんどできない人もいます。一方で、考えを具現化するために、外部からの学びを動員する手間暇を惜しまないのに、なかなか1つのトピックに話を集約できない人もいます。また中には、どのスキルもバランスよく持ち合わせている人もいます。順序立てて話し、文脈を共有し、論理の穴を認め、フィードバックを尊重し、信念を持ち続けられる人もいるのです。

企画会議や話し合いなどでのスクライビングでは、このモデルによって、参加者の行動パターンや、行き詰まりの力学を明らかにすることができます。たとえば、「主張の軸」の両極を行ったり来たりする人もいれば（動かす——反対する——動かす——反対する）、鏡の迷路の行き止まりさながら、同じところでぐるぐる回り続ける人（動かす——俯瞰する——俯瞰する——俯瞰する）もいます。また、自分の視点しか見えていない「連続独白型」の人（動かす——動かす——動かす——動かす）もいれば、礼儀正しくかつむやみにリーダーの意見の後に続く「いんぎん服従型」の人（動かす——後に続く——後に続く——後に続く）もいます。

特定のパターンに陥っていることに気がついたら、その構造を緩めたり引き締めたりするために足りないものを聞き逃さないように耳を傾け、そして描きます。つまり、私たちは能動的な俯瞰する人として、この行動が弱いと気がついたら、話されている内容をどう描くかによって弱い部分を補強することができるのです。

たとえば、「動かす」の性質が強い発言者が3人続けて5分ずつ話した後で、1人がほんの数秒の質問をしたとします。その場合、私は最初の3人の発言からはキーワードだけを抜き出して、質問はまるごと描写に加えるでしょう。

また、「意味がわからない」とか「なぜこんなことが起きているのだろう」などという発言がとりとめもなく続いているときに、誰かがある行動を提案したとします。その場合は、それまでの疑問や迷いを1つの文かイメージにまとめ、出てきた提案を大きいフォントや濃い色を使って強調して描くでしょう。

さらに、このモデルを使うことで、グループ・ダイナミクスがたんなる行動の連続から、対話らしい流れに変わる瞬間に気づくことができます。それぞれが自分の意見を述べていただけだったのが、ひとりひとりがクリエイティブな姿勢になっていき、集団として意味を共有するための探究が強くなっていくのです。

このような転換はスクライビングによって促され、スクライビングを促します。この動きを察知したら、私はひとつのより糸を紡ぐように言葉を描いていきます。一貫性を反映し、強調するのです（付録図3参照）。ここにスクライビングが、ソーシャル・アートである所以《ゆえん》があります。言葉の流れから導かれる最終的な意味は、複数の人間の実際の発言から成り立つものなのです。

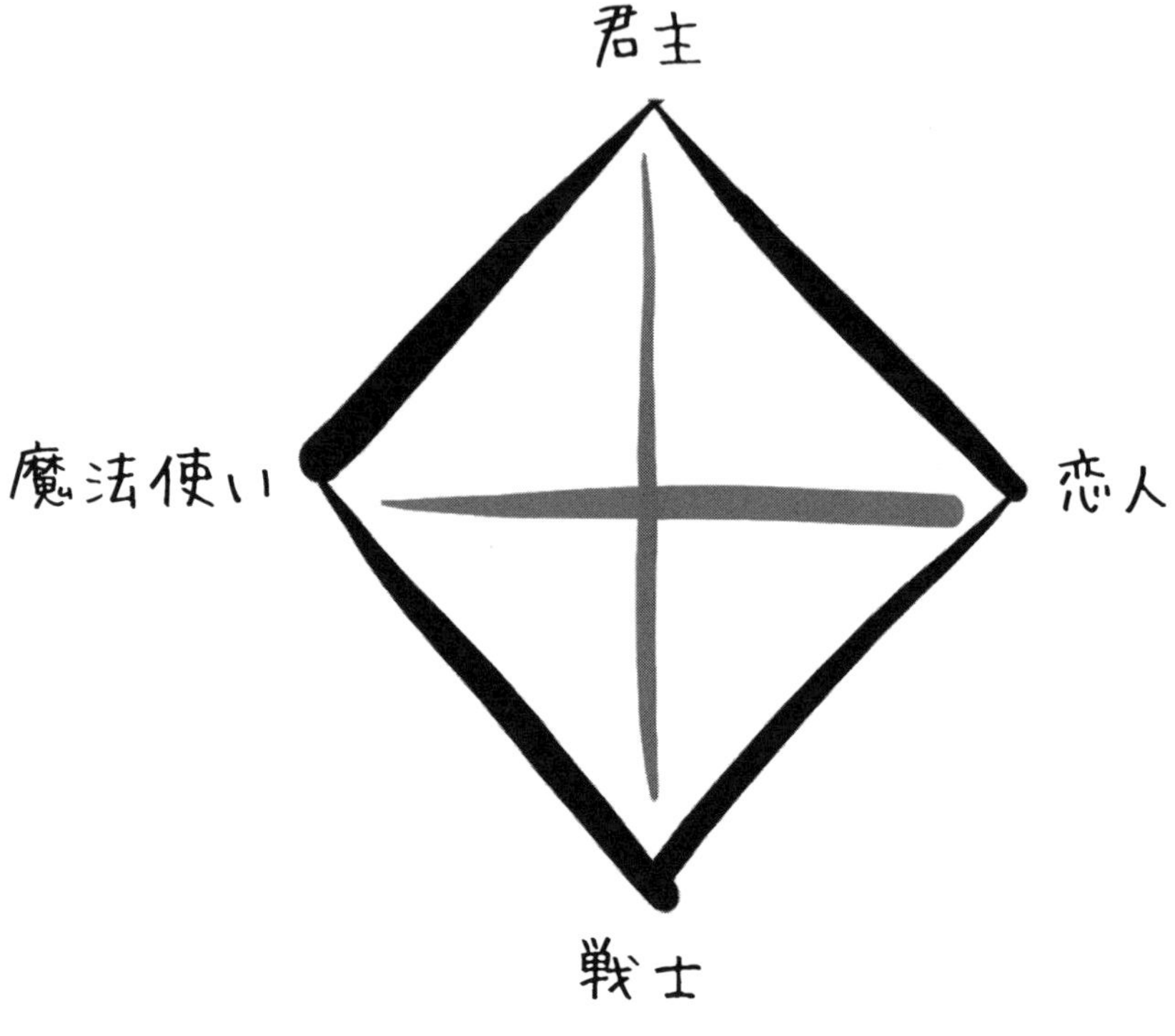

リーダーシップの元型

leadership archetypes

クリフ・バリーは、数名の協力者と共に、Shadow Work®（シャドー・ワーク）[14]という知識体系を作り上げました。ダイアモンドのモデルを応用し、カール・ユング[15]の元型論に基づく特定の元型をとおして、人の発達について考える理論です。

スクライビングにこの考え方を導入すると、非常に繊細なアプローチが可能となります。4つの感情が入口となって、それぞれ異なるエネルギーを持つ元型が導かれるのです。

- **悲しみ**――「恋人」への入口
- **恐れ**――「魔法使い」への入口
- **怒り**――「戦士」への入口
- **喜び**――「君主」への入口

本書の主な章の冒頭では、それぞれこれらの入口についてとりあげています。「悲しみ」は「融合する」こと、「恐れ」は「捉える」こと、「怒り」は「知る」こと、そして「喜び」は「描く」ことにつながる入口なのです。

対話の場で胸が張り裂けそうになったりドキドキしたりするとき、つまり、何らかの欠如か喪失が感じられるときは、多くの場合、誰かとつながりたいという「恋人」の切望が場内のどこかに潜んでいます。そういうときは、関係性の質を高めるために、より流れのある描き方でアイデア同士をつなぎ合わせるように努力します。

また、場で不安や混乱、すなわち恐怖への入口を強く感じるときは、パターンを明確にし、事実をはっきりと明示し、選択肢が具体的にわかるように描くよう心がけます。全体の見通しをよくすることによって、場内の「魔法使い」のエネルギーを拡充するのです。

他方、いらいらした空気を感じるときは、「戦士」の存在が強いしるしだと解釈します。その場合は、結論と憂慮する点を必ず書き留めます。人の怒りは、たいてい何かを大事だと思う気持ちから生まれるのです。感情だけに着目すると、その人の有意義な視点や貴重な貢献を妨げることになってしまいます。

そして、場に喜びがあふれているときは、祝福や方向づけや主導といった「君主」のエネルギーに満ちていることがわかります。そこで、そのエネルギーが持つ拡張や発展といった質感を確実に表現します。たとえば、「○○をしよう！」という書き方をしたり、次なるステップや行動を起こすための仕組みをわかりやすく描き表したりすることを心がけます。

どの感情や元型も、ほかのものより優れているわけでも劣っているわけでもありません。それぞれの元型は、参加者の発言や姿勢がどこから来て（私たちの補助を受けたうえで）どこへ向かうのかを見るためのレンズにすぎないのです。

元型を使ってスクライビングしても、外からはわからないので、それに気づいている人はいないのではないかと思います。でも、私は意識的に、描く内容と場のエネルギーとのバランスをとることをめざしています。なぜなら、両者はお互いに影響をおよぼし反響し合うと考えるからです。

14 Shadow Work® は Shadow Work Licensing, LLC により米国特許商標庁に登録されており、本書ではクリフ・バリーと Shadow Work Licensing の許可を得て使用しています。(www.shadowwork.com 参照)

15 「元型は、カール・グスタフ・ユングが提唱した分析心理学(ユング心理学)における概念で、夜見る夢のイメージや象徴を生み出す源となる存在とされている。集合的無意識のなかで仮定される、無意識における力動の作用点であり、意識と自我に対し心的エネルギーを介して作用する。」ウィキペディア「元型」より。元型をさらに深く応用することについては、サークルオブセブンの共同創始者、バーバラ・セシル、グレニファー・ギレスピー、およびベス・ジャンダーノアによる女性のためのプログラム、「Coming Into Your Own(あなた自身の中へ)」で学びました。(www.ashlandinstitute.org 参照(日本語版は info@sustainabilitydialogue.com))

ご紹介したこれらの考え方――主張と探究、構造的力学、リーダーシップの元型（本書では述べていませんが、ほかにも同種のものがあります）――はすべて、私のダイアモンドモデルの土台となっています。

ダイアモンドの各領域を生成的なスクライビングに生かせるように、用語を合成したり単純化したりした結果、「融合する」「知る」「捉える」「描く」の4つを頂点に配置し、中心には「在る」を置きました。

スクライビングを完全に実践するためには、ダイアモンドのすべての要素が必要です。とはいえ、人によって得意不得意はあります。そのアンバランスに気づき、自分の中でも他者のための実践を通じても、バランスをとる努力を重ねること。それが、個人としてもプロとしても成長するために必要な学びの道の一部だと思います。

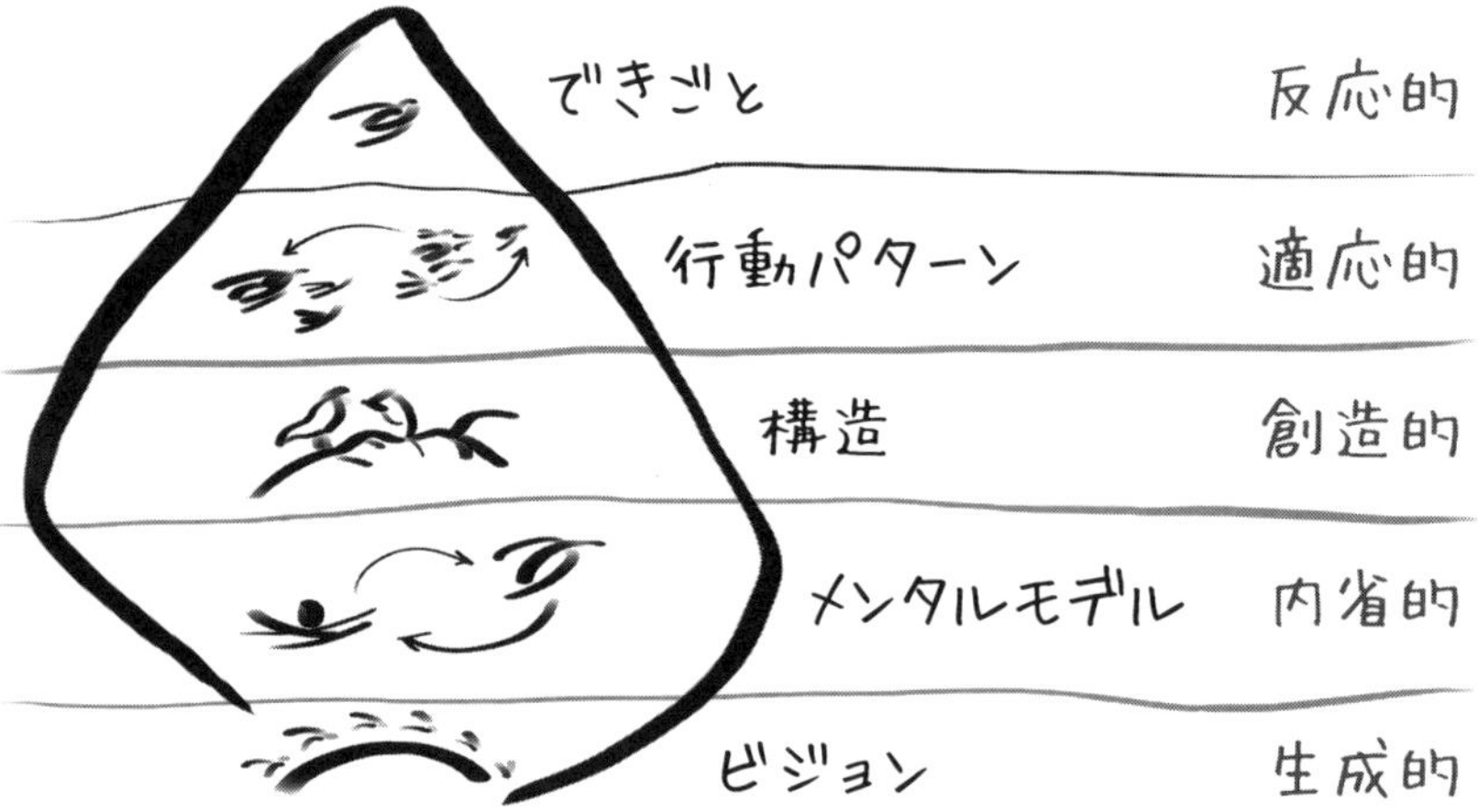

氷山

the iceberg

氷山のモデルはダイアモンドのモデルと概念的に重なるものですが、システムや、システムのなかでの対話のレバレッジ・ポイントとなるものを見極めるためのレンズとして活用できます。

1980年代初頭、組織心理学者のエドガー・シャインが文化には可視性の異なる3つのレベル「人工物」「標榜されている価値観」「背後に潜む基本的仮定」が存在すると提唱しました。ピーター・センゲはこの考え方をさらに発展させ、現在世界中で組織開発の基礎とされる概念、氷山モデルを構築しました。[16]

水面の上に出ている氷山の10パーセントにあたる部分は、できごとや行動を表します。スクライビングでは、私たちが実際に描くグラフィックという「人工物」がそれにあたり、そのグラフィックには私たちが聴いた話の内容が表れています。

スクライビングというソーシャル・アートには、この「人工物」であるグラフィックそのものが必要です。なぜなら、それが場にいる人々による共創を具現化し、人々の思考を前進させるものとして機能するからです。自分たちの発言内容から生まれるものを実際に

16　ピーター・M・センゲ『学習する組織――システム思考で未来を創造する』枝廣淳子、小田理一郎、中小路佳代子 訳、英治出版、2011年

見ることができなければ、参加者は共通した理解のもとに内省したり行動したりすることができないでしょう。

さらに、実践者は、発言に現れるパターンや構造や理論を認識し、同時に、潜在する可能性を感じ取らなくてはなりません。このような意識を持つことで、使われる言葉や考え方の背後の文脈を理解しやすくなり、システムの現状と強い願いを明らかにできます。

本書では、水面下にある90パーセントの部分を耕すことは、実際にペンで描き出すものと同じぐらい大切だと考えます。スクライビングがソーシャル・アートである以上、地球上の、あるいは地球との間で相互作用を起こしてきたダイナミクスに向き合うことは不可欠なのです。

社会的な視野とシステムの変化に影響を与えるレバレッジは、氷山の下のほうに行けば行くほど大きくなります。

水面下に潜って見える氷山の90パーセントを占める部分は、次のような層になっていると考えています。上から順に、「行動パターン」「構造」「メンタルモデル」、そしていちばん下が（ほかの解釈もありますが）「ビジョン」です。この順番は、「適応的」「創造的」「内省的」「生成的」の4つの行動モードと対応しています。[17]

個別の状況やダイナミクスをこの層に当てはめて理解すると、より広い範囲の現実が見えてきて、それを描き表すことができるのです。

私は話を聴きながら、どこに注意を払えばよいかを知るために、こまめに層に当てはめています。最初にできることは、その人、パネル、チーム、あるいは場にいる人々全体が、どの立ち位置から話しているかを診断することです。彼らは何を達成しようとしているのだろう？　そして、コンフォートゾーン内での対話を促しつつ、必要に応じてそれを広げていくには、どのようなスクライビングを意図的にすればよいのだろう、と考えます。

私は、実際の場の状態よりも一段下の層を描くことを検討します。もし発言者が事象や事実について話しているなら、その事象をもたらしたのはどのような行動だったのかについて興味を向けます。もし場の人々が行動パターンのレベルで話をしているならば、それに影響しているのはどのような構造だろう、と考えます。

このような思考過程は、ほとんどすべて私の頭の中で起きていて、必ずしもグラフィックには表れません。しかし、私がこうした意識の向け方をすることで、実際に会話がより深く広くなり、当初は見えていない、知られてさえいない思考やつながりの側面を顕在化させることができると実感しています。

17　ダニエル・キム『ここから始まる——組織学習の旅ツールキット（未邦訳）』Cobee Publishing House、２００９年

話を聴き、描写しながら、氷山モデルを適用することは、実践者のスタンスを「視覚的な板書」から「グラフィック・ファシリテーション」へ、さらに「生成的なスクライビング」へと転換させていく一つの方法です。

出現する未来の現実と共に歩むために、私たちは話されていること（既知の事実）をグラフィックに反映するだけでなく、場のシステムと共に発見をしていこうとします。

ここで、スクライビングに氷山モデルを応用する際のそれぞれの要素について、見ていきましょう。氷山の上の層から下に向かって説明していきます。ただし、巻末の付録4〜9は、違う順序になっています（構造、行動パターン、できごと、メンタルモデル、ビジョンの順）。描きながら、各層をつなげていく際に、このモデルをどのように利用しているかわかるように、この順番にしました。

できごとはデータのようなもので、実際に起きたことで目に見えるもの、水面の上にあるものです。たとえば1羽の鳥が飛んでいるのに気がつく、がこれに当たります。

話し言葉でいうなら、覚え書きだと思います。単語やフレーズ、単文、アイデア、コメント、発言の一部といった覚え書きが組み合わさってストーリーになるのです。独立した描写として並べることで、わかりやすく表すこともできます。付録図7にある楕円形のグラフィックはその一例です。この図（およびその前後の図）は、マサチューセッツ工科大学、システム・ダイナミクス・グループ・ディレクターのジョン・スターマン教授による環境シミュレーションの際にスクライビングしたものです。[18]

行動パターンは、構造の中で動きのある部分を表します。たとえば、鳥の群れは、冬の寒さを逃れて南に移動するためなど、何らかのニーズに応じて生じます。この群れのようなパターンを話の内容自体、発言者の話し方から見出すことができます。付録図6は、スターマン教授が、二酸化炭素の排出量増加によって海水の酸性化や海面上昇、水不足や干ばつが引き起こされることを説明していたのを描いたものです。

構造は、グラフィックの中のそれぞれの部分がどのように相互に関連し、行動を支えたり起こさせたりするかを表します。これが見えると、隙間を埋めるつながりが明らかになります。参加者にわかるようにグラフィックを構造化していくのが、スクライブの役割です。

私たちは1羽の鳥を探すわけではありません。2羽、3羽、4羽どころか40羽を見つけ、

18 C-ROADS 環境政策シミュレーター、Climate Interactive、www.climateinteractive.org 参照

その鳥たちを結びつけているものが何かを探究するのです。その鳥たちは兄弟なのか、別の群れから集まったのか。向き合っているのか、それとも別の方向に飛んでいくのか。集まるのか、お互いを避けるのか。別の枝にとまっている鳥とコミュニケーションをとっているのか。別の木にとまっている鳥とはどうか。その木はどのような状態にあるか。保護されているのか、雨風にさらされているのか。このような問いへの答えは、ストーリーの中の構造を構成する要素です。この構造が示されることで、グラフィックの中のどの部分も文脈を表すものとなるのです。

シミュレーションを始めるにあたって、スターマン教授はまず「石油資源によって支えられた経済成長」と「森林破壊」を挙げました。私はこれらの要素を二酸化炭素の排出量を増加させる原因となった構造であると解釈し、それがわかるようにグラフィックで表しました。（付録図5参照）

メンタルモデルとは、物事がどのような仕組みになっているかについて、私たちひとりひとりが頭の中で思い描くイメージです。そうしたイメージを持つことで、私たちは物事がなぜそのように機能するかを説明しやすくなります。スクライブにとって、発言者のメンタルモデルを可視化するのは難しいと言わざるを得ません。スクライブは、自分が捉えたとおりに表現するわけで、その捉え方は自分の信念の影響を受けるからです。たとえば誰かが「これは市場の独占につながるだろう」と言ったとしたら、そのとたん、私の頭の中でありとあらゆる信号やサインが点灯します。ほかの人の発した言葉に色をつけるのは、私自身の経験に基づく思考なのです。これは、避けられないことです。

氷山の図のメンタルモデルのところに、私は卵と鳥を描き入れました。これは、「鳥が先か、卵が先か」という知恵の輪のような問いを象徴しています。メンタルモデルを描くうえでは、この問いに向き合う必要があると思うのです。

私自身の考え方がプレゼンターの考え方と同調することもあります。たとえば、スターマン教授が現在の気候変動に対して示した懸念は、私も感じているものでした（付録図8参照）。人間がディーゼルエンジンのボートを売買し始めたのは、海面上昇の問題が起きる前のことだという教授の主張は、確かにそうだと思ったのです。でもときには、ほかの人がなぜそのような考えに至るのか理解するのが難しいこともあります。気候変動に関して、「自然のサイクルだ」という趣旨の意見を多数耳にしてきましたが、何度聞いても、私はどうしてもその立場には賛同できません。

これはデリケートな領域です。場にはさまざまな意見や信条があります。そして、私たちにも自分なりの意見がありますし、それは場の意見とは異なるかもしれません。しかしスクライブとして、私たちはその場で聴く話を正確に表すよう心がけ、自分の考えを差しはさむことは控えるようにします。

とはいえ、生成的なスクライビングは、現れ出る可能性に意識を向けるものなので、内省を促して、場合によってはマインドセットを変えるために、あえて先入観を浮き彫りにするように描くこともあります。これは、自分のためであると同時に、参加者のためでもあります。人の視点は固定されたものではないという前提に立つのです。

ビジョンは、志、希望、使命などが宿る深い領域を指します。氷山のいちばん下から上る途中、ほかの層に触れることで、すべての要素を方向づけるものです。生成的なスクライブはこのビジョンを感じ取って、その可能性を（描かずとも）保持しながら、システムの未来の姿とつながろうとします。そして、場の人々による思考や行動を通じて、そのビジョンが形になるように、希望を共有するのです。

私は通常、ビジョンが入ってくるスペースを確保するため、グラフィックに空白を残すようにしています（付録図9参照）。そして、セッション当日にその空白が埋まらない場合は、まだそのタイミングではないからであって、いつかそのときが来るかもしれないと考えます。

なお余談ですが、付録でご紹介している例は、実際に描いた後何年もたってから解説のために分解したものです。当時は、シミュレーションをきちんと記録することしか頭にありませんでした！

私は今になって、この氷山モデルがセッションのあらゆる段階で必要不可欠であると実感しています。クライアントと打ち合わせをするときや描写するとき、配布用にデジタル加工するときなど、どの段階においても、何に気づき、何を選択し、どこに注目しなければならないかを示してくれるモデルです。

プレゼンシング

presencing

「プレゼンシングとはsensing（感じ取る）とpresence（存在）の混成語で、最高の未来の可能性の源からつながり、最高の未来の可能性を今に持ち込むことである」[19]

プレゼンシング・インスティチュートの同僚であるマリアン・グッドマンは、プレゼンシングについて、「意識がその方向性を見つけようとしている間、その意識に対する思いやりを持ち続けること」と、説明しています。これは私個人の経験とも強く共鳴する表現です。

私は、プレゼンシングとは「共に**在る**こと」だと考えています。つまり、ダイアモンドの中心に位置し、スクライビングのあらゆる要素を注ぎ込むことができるのです。プレゼンシングは、最も純粋でオーセンティック〔本物である、偽りのない〕な「自己」とのつながりを維持する力がどれぐらいあるかによって、ある瞬間に感じることもあれば、一定の期間

19　C・オットー・シャーマー『U理論――過去や偏見にとらわれず、本当に必要な「変化」を生みだす技術』中土井僚、由佐美加子訳、英治出版、２０１０年。本書では、私が10年以上にわたり共に活動を続けてきたオットー・シャーマーの理論にしばしば触れています。私自身の考え方の中には、シャーマーの理論が切り離せないほど深く組み込まれているのです。

にわたって感じ続けることもあります。

プレゼンシングというソーシャル・テクノロジーは、生成的なスクライビングを実践するうえでの基礎となる一つの在り方です。

プレゼンシングとは、出現し明らかになりつつある現実に呼び起こされる行動を、今この瞬間にとることです。プレゼンシングとスクライビングを組み合わせるとき、私は描く前に一呼吸置き、誰かの声、それをとりまく空気、システム、社会的な場《ソーシャル・フィールド》など、さまざまなものに注意を広げてみます。ペンを握る直前には、その場にいる人々だけではなく、場の外にいる人々とのつながりまで、範囲を広げて想像します。そのセッションが参加者の属する文化にもたらす意味、社会の文脈における彼らの活動について、想像してみるのです。また、私たちがこの瞬間に存在することの意味と、時間の流れの中での位置づけについても考えます。

プレゼンシングというレンズを通すことで、新しい可能性が明らかになっていく様子を描き表し、過去から現在、そしてその可能性が包含する未来へと続く道筋を示すことができます。

プレゼンシングの最中、私は、自分自身と最も調和のとれている自分の声を、指針として聴いています。そして、いつ動きいつ静止するか、いつ始めいつ止めるかを見極めるために、持ち合わせているあらゆる感覚を研ぎ澄ませます。描写することやコメントをすること、あるいは、人を抱きしめたり、場に参加したり離れたりすることでも、感覚を研ぎ澄ますことはできます。パートナーシップについてなど、人生におけるあらゆる決断のときにも、研ぎ澄まされます。

現在、スクライビングは独立した2次元のアートで（数十年の間には、技術によって間違いなく変わっていくでしょうが）、スクライブは、個人として自分の中のプレゼンシングにアクセスすることはできます。

しかし、場にいる人たちがそのような意識の転換に気づかなければ、スクライブは自分の中でプレゼンシングを行う以上のことはできません。集合的な意識が及ぶ範囲が、プレゼンシングの現れ方の限界を決めるのです。

逆に、人々のプレゼンシングへの理解が深ければ深いほど、ホールドされた共有の場である「器」が豊かになるので、その結果できあがるグラフィックは、質的により力強いものとなります。（付録図10、11参照）

グラフィック・レコーディングの場合、またグラフィック・ファシリテーションですら、クライアントからの主な要望は通常、話された内容ができるだけ正しく記録されていることと、既知の事柄を扱うことです。これに対し、生成的なスクライビングでは、プレゼンシングの領域にアクセスすることが必要不可欠です。なぜなら、「未知」から出現しようとしているものの本質、つまり、生成的に現れてくるものは、プレゼンシングによって形を成すからです。

描く手を止め、腕を下ろして、発言者とつながろうと振り向き、その瞬間に入っていく。屋根を濡らす雨や、光が壁に反射する角度、ひんやりとした空気に気づく。そうしたときに、私の内側のリズムは少しずつゆっくりとしたペースになり、より繊細な感受性が開かれていきます。意識の扉が開き、より多くの瞬間が自分の中を通過していける状態になるのです。

場の人々が共にプレゼンシングしているとき、その場の空気は究極の調和で満たされ、すべてがうまく収まっていくのを感じます。すると、私の描写も自然とそのまとまりを反映します。たとえば、発言者が言葉を発する瞬間に、私はもうその言葉を書き始めています。私が大きな動作で描きたいと思い、その気持ちに従って大きな弧を描けば、数分のうちに、ある発言者が新しい重要なトピックを追加し、私の描いた弧が生きてくることもあります。

プレゼンシングは、直観を働かせることではありませんし、理想の状態のようなものを投影することとも違います。プレゼンシングとは（私の解釈では）、全体性《ホールネス》の中で調和すること、そしてそこから、前に向かって進むために必要な要素を明らかにすることなのです。

器《コンテナ》

containers

ダイアモンドや氷山、そしてプレゼンシングの周りで、その在り方や見立ての方法を支えているのは、本書でもすでに何度か述べた「器《コンテナ》」です。器とは、場所や人々や心の状態をホールドする空間を意味します。

話し合いがうまくいかなかったり、成功したり。傷つけ合う関係になったり、愛情ある関係になったり。破壊的な環境になったり、生産的な環境になったり。病んでしまったり、健やかであったり。どんなふうになるのかは、すべて器の弱さと強さによって決まります。

池の水が凍り、解けてまた池に戻るのと同じように、器に蓄えられたエネルギーは、生と死、成長と衰退のいずれにも資するものともいえます。私たちはほかの人のための器となるし、彼らは私たちの器となる。そして器が頑丈であればあるほど、信頼も安全性も強くなり、より多くを養い、ケアし、成長させ、実現させることができるのです。

1つ例をご紹介しましょう。私の祖母マーガレット・バードが年をとって、歩行器と介助なしには外出できなくなってから、時々一緒にニューヨーク・シティのダイナーにランチをしに行くようになりました。祖母はいつも私の生活のことをいろいろ聞いてきました。

「学校はどう？　お友達は？　どんな勉強をしているの？」と。そして、私の住む世界の複雑さに驚いていているようでした。（これは１９８４年の話ですから、今の世界を祖母が見たら、いったい何て言うでしょうね！）

今でも強く心に残っているのは、祖母が言葉のひとつひとつをかみしめるようにして、私の話にひたすら耳を傾けてくれたこと、そして、祖母に愛されているという安心を感じさせてくれたことです。その愛は、私がどんなことを言っても、何を打ち明けても変わらず、批判されていると感じたことは一度もありませんでした。私が突飛なことをしでかしたようなときも、内心どう思ったかはわかりませんが、祖母は詳しい話を熱心に聞いてくれました。私の目をじっと見つめ、私の人生をより深く理解しようとしてくれたのです。

祖母は私に「器」を与えてくれました。そこは、私が自分自身をよりはっきりと見つめ、成長することができるスペースでした。それは、祖母が私をそんなふうにまるごと受け止めてくれていた結果にほかなりません。

スクライブの仕事をする際、私は場の人々のために強い器をつくるように努めます。論争が激化し、対立が生じた場合、日の目を見たがっていることをよりよいかたちで支援するために、強い器をつくる必要があります。強い器は、言葉や線をかき足すのではなく、私自身が聴く力を高め、私の在り方そのものを人々に信頼してもらえるようにすることで、つくられます。人々のほうを向き、彼らを見て、集合としての存在を感じ取り、ひとりひとりに対して心を開きます。また、彼らの立場になって考え、お互い人間として思いやりの気持ちを持ちたいと思い、自分を柔らかく、広げます。

ときには、場の器があまりに強く、スクライブ自身もその力に包み込まれることがあります。かつて祖母が私を受け止めてくれたのと同じように、場の器がしっかり受け止めてくれるので、私たちがありのままで場に立つ力も大きくなります。このような場合は、私はその強さを感じ、質の高い場と出合えたことを天と地に感謝し、描くことを心から楽しみます。

私の祖母は、耳が遠くなっていましたし、ほかにも心配事はいろいろあったはずですが、祖母らしいいままそこにいてくれました。だからこそ私も祖母の前で素直な自分のままでいられたのです。私は祖母の前では安心しきっていたので、自分の弱さもさらけ出すことができました。祖母はその美しい心で私を抱きしめることで、私の中のいちばん純粋な部分を引き出してくれたのです。

愛は、重低音のように、器の根底に流れるもので、器をつくる鉱物であり、秩序です。

場《フィールド》

field

フィールドへの入口を見つける――。

「フィールド」という言葉には、1つには野原や農作物を育む田畑といった、物理的な土地の意味があります。また、ある特定の分野のことも「フィールド」といいます。社会的な文脈においては、人間同士の関わり合いの総体を指します。

フィールドはさらに、ティク・ナット・ハンがすべてのものがお互いにつながりあっているさまを表す言葉として名付けた「インター・ビーイング（相互共存）」という概念にも通じます。

「もし、あなたが詩人であるならば、この一枚の紙のなかに雲が浮かんでいることを、はっきりと見るでしょう。雲なしには、水がありません。水なしには、樹が育ちません。そして、樹々なしには、紙ができません。ですから、この紙のなかに雲があります。この一ページの存在は、雲の存在に依存しています」[20]

20 ティク・ナット・ハン『ビーイング・ピース――一枚の紙に雲を見る』棚橋一晃訳、壮神社、1993年

フィールドという観念を前提に、関係性の網について考えることができます。私たちが描くものは、すべてこの関係性から導かれ、そこへ回帰します。

私の祖父、ジュニアス・バードは考古学者でした。1930年代から70年代にかけて中米や南米で発掘調査をし、先土器時代の文明を裏付ける織物を発見しました。祖父の家に行くと、入口のドアの外が窓のあるエントランスホールになっていて、小さな飾りものでいっぱいの棚がいくつも並んでいます。私はそこを通るのが楽しみでした。遠い国から持ち帰った宝物、同僚たちからのお土産、近所の店で見つけた珍しい物。奥行3メートルばかりのホールは、私にとって不思議の空間でした。人の手が作り出した品々は時空を超え、違う時代の違う場所で知らない文明を生きる、自分とは別の人間の魂を感じさせてくれたのです。

このように、物に人の魂がこもることを幼少期から感じ取っていた私は、スクライビングで描かれたイメージにも、未来に向かうエネルギーを持たせることができるのではないかと考えるようになりました。生成的なスクライブとして私たちの描くもののひとつひとつには、何らかの精神性がこもり、それを伝達することができるのではないか、また、フィールドは、精神性のもととなる熱量の高い場と考えられるのではないかと思ったのです。

もっと具体的に言うならば、フィールドとはすべての生命——社会、人と人、そしてすべての生きとし生けるもの——が交錯するエネルギーの配列であり、私たちはまさにその内側から描くのだと考えられないでしょうか。

祖父が一種の物理的なフィールド（発掘現場）の中から織物を掘り出すことで、人間の文明に関する理解を世に伝えたのと同じように、生成的なスクライブは、現在および将来にわたり、人間の精神への理解を世に伝える描写を意図的に創り出すことができるはずです。

ワシリー・カンディンスキーは、20世紀における抽象絵画の役割を次のように定義づけました。「芸術作品は人の意識の表面に自分の姿を映し出す」。[21] 芸術家が作り出すものは、その人の内面を直接反映したものなのです。

今世紀を、アーティストが、自らの考えを一個人の精神から、多くの人のいるフィールドへと、意識的に広める時代にすることを、私は提案します。

実際、私たちは人間同士の関わりあいを平面上に表すことができます。ステークホルダーマップや組織図、ベン図のように。また、個人の精神を描き表すこともできます。

さらに、一見無関係に見える事象（生物間の、あるいは地球上の）についても、相互に何らかの関わりあいがあることに気づき、そのことに価値を認め、実体のないものでも言語化し

21 ワシリー・カンディンスキー『点と線から面へ』宮島久雄訳、ちくま学芸文庫、2017年

て描き表すことができます。

生成的なスクライブとして、私たちは、内なる生命や実際に発せられた言葉を描写として表すことを超えて、その先にあるものを表現しようとすることができるはずです。私たちが描くものは、ただ描写面の表面上に次々に配置された描写ではなく、もともと内在していたものが描写面の表面から、そしてフィールドから浮かび上がったものなのです。

フィールドが形を教えてくれるのです。

ある日、私はフィールドを視覚的にどのように表現すればよいか、思いを巡らせていました。今までは、クロスハッチや細かい点で埋めたり、薄く色をつけたりしていたけれど……と思い出しているうちに、意識は「フィールド」をどう表すかということから離れ、フィールドにまつわるある経験が呼び覚まされました。

それは家族と過ごしたある夏の日、ニューヨーク州ベアーズヴィル……牧草地を見渡す石を敷き詰めたパティオ……咲き乱れるトウワタの花をくすぐる日の光……光を浴びて……そのまま……自然のままに……自由でいられる。

地球と完全な一体感を覚えたその子ども時代の思い出を胸に、可視化を実践するこの職業をさらに発展させたいという思いと、温暖化が進むこの地球における私たちの社会や行動への懸念を抱きつつ、そして、フィールドにまつわるさまざまな解釈の間を行ったり来たりしながら、私は今、これを書いています。

源《ソース》

source

源《ソース》。生命力。生き生きとしていること。

私たちの周り、そして中には、いつでも引き出すことができるエネルギーの源泉があります。

自分の心臓の鼓動を感じるとき、そして誰かの胸に頭を寄せ、その人の鼓動が聞こえるときに、触れることができるものです。

自然のなかで、人、生き物、物体、自然の間に感じられる流れ。振動し、力のみなぎる空間。それは、誰かの目をのぞき込んだときに感じられるものです。どんなによく知っている人でも、ふと外見がぼやけ、その人の内面にある本当の姿に出会うときに、わかるのです。

生まれた瞬間の赤ん坊の泣き声の中にも源はあるのかもしれません。あるいは、死にゆく人の最後の喘ぎ声の中にもあるのかもしれません。風、波、炎、岩。これらの中には、確実に源が存在します。

ときに、源は激しさを見せ、私たちの周りをとりまき、夏の嵐の雷のように轟きます。あるときは、せわしなくブンブンうなるハエの羽音。またあるときは、タンポポの種の中にあり、町の空地をふわふわと漂っていたり、水たまりに浮かんでくるくる回っていたりします。

描きながら源にアクセスしようとするとき、私の思考は宙にとどまり、特定の動作を注意深く、辛抱強く待ちます。外側で体が忙しく動いている中、内側には静寂が宿ります。

私は描き始める前に、ほんの一時——数分間の場合もありますが——よく立ち止まります。自分が静まり、自分が「在る」状態になるのを待つためです。このように「待つ」のは何のためか、と聞かれることがあります。それは、意識から雑念を払うためでもあるし、そう、源を感じ取るためでもあるのです。

描きながら源にアクセスすると、今この瞬間に明らかになるべきものが何なのか、はっきりと見えてきます。

源は、自ら持続し、尽きることのない資源です。静かに心を開いて、息を吸い込みさえすれば、源の流れと一体になり、その一体となるプロセス自体も源に注ぎ込むことができます。

源に意識を向けると、見られたがっているものの本質が見えてきます。すると、私たちが描くものも、グラフィック上のたんなる点や線のくり返しから、グラフィックを通して導き出される流動的な表現へと変化します。スクライブ自身、そして、ペン、描く紙、言葉、人々、会場、その瞬間、これらすべてのものが、調和のうちに存在するようになるのです。

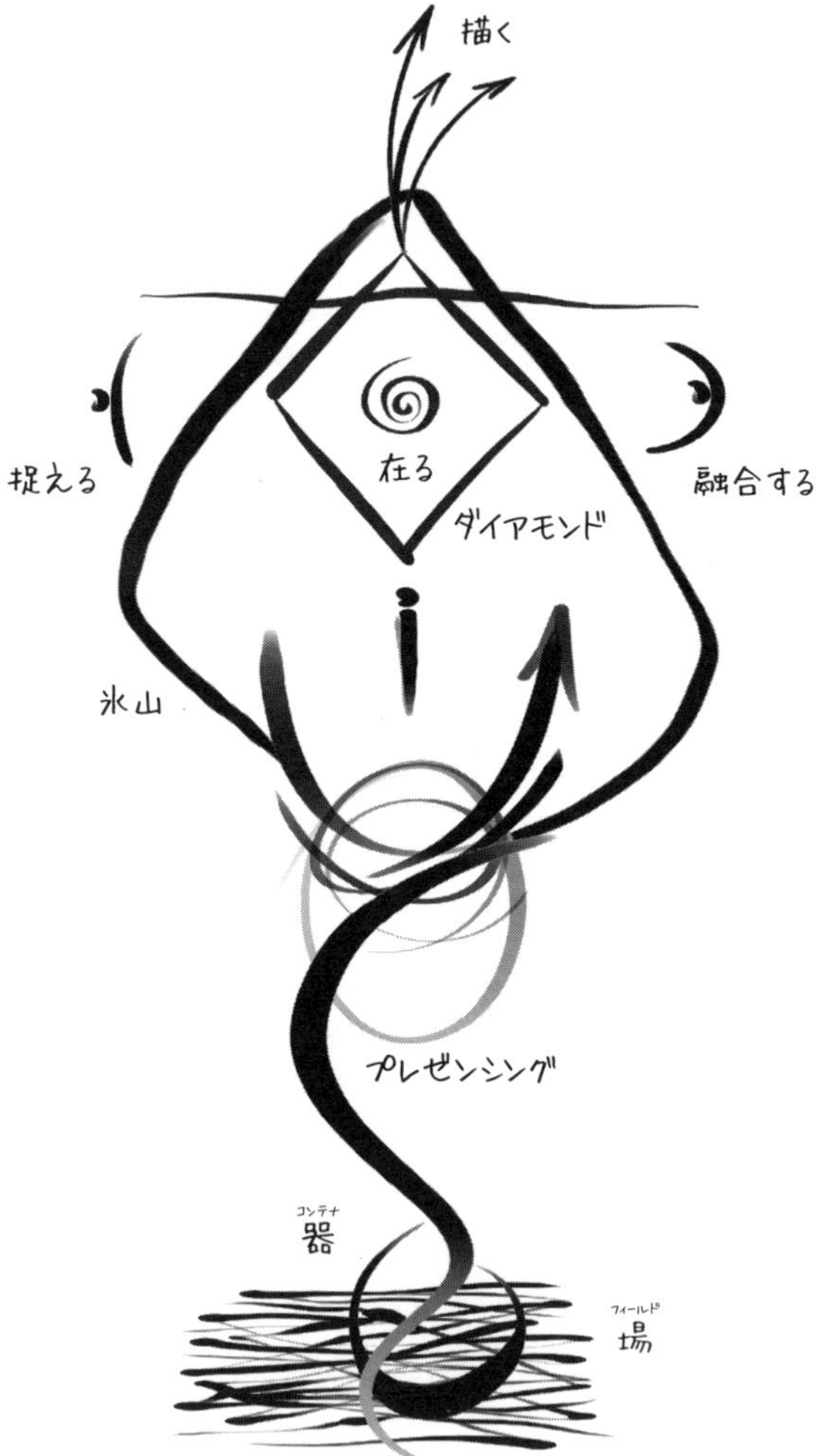
描く
捉える
在る
ダイアモンド
融合する
氷山
プレゼンシング
器《コンテナ》
場《フィールド》
源《ソース》

2
在る

在る
Be

すべてのものには外観と本質がある。殻と実、外面と真実があるように。

我々が指で殻をいじっていても中の実に触れることがなかったり、本質を知ることなく外観のみで生きていたり、物の外面に目を奪われるあまり真実を見つけることができなかったりするのは、内面の本質的な意思に反することではなかろうか。

――フランツ・マルク

地面に錨を下ろしているのは、根の生えた足、
空に向かって伸びているのは、腕のある頭と光に届く葉、
心を通して、壁へ、そしてシステム全体へと広がっていく。[22]

私のスクライビングは、このように始まります。

ダイアモンドの垂直の軸と水平の軸を意識して強化し、通路としての自分を準備します。息を吸い込むごとに、現れたがっているものを受け入れ、息を吐くごとに、体の力が抜け、その瞬間に溶け込みます。

ときに、その場のプレッシャーから、偽りの自尊心のようなものが現れることがあります。役割をこなすために、自分がスーパーヒーローの化身であると思い込ませるのです。たとえば、自分は防御のために鎧をまとったワンダーウーマンだというように。

一方でその裏では、私の中にある自信が、大丈夫、何も問題はない、すべては自然な

22 このシンプルな考え方を指導してくださったのは、シャンバラの指導者、アラワナ・ハヤシです。
www.arawanahayashi.com

状態だと確認してくれます。私はただ偶然ここにいるのではない。奉仕するためにここにいるのだ、と。すると、まさに自分がとらなければならない動作が現れます。それ以上でも、それ以下でもありません。

どのように「在る」かが大事なのです。偽りの自分、つまり、外部からの評価やプライドを気にしている自分が動くと、期待された結果を導くために誤った判断をしてしまうかもしれません。偽りの自分のまま動くことは、ただ相手に「好き」と言わせるために、誰かに「好きだ」と言うようなものです。

私は拍手を期待して描いているのでしょうか？　もし誰も拍手してくれなかったとしたら、どんな気持ちになるのでしょう？　心がしぼみ、認めてもらえなかったと感じ、自分はとるに足らない、などと思ってしまうでしょうか？

内なる知とつながることなく、ただ頭と手だけを使って描いてしまったら、解釈された現実を描くことになり、内から外に向かって現実から創造する好機を逃してしまうかもしれません。

在り方をケアするということは、殻と実の両方をケアするということです。

それはつまり、身体的には、全身（骨、筋肉、臓器、神経、血流のすべて）の健やかさを保つよう心がけることです。一方、形而上学的には、精神の内なる部屋に気を配るということを意味します。希望や志や約束が宿っている部分です。その内なる部分が、真実や許し、受容や愛を認識するのです。

冷笑的な気持ちや不信感が、この精神を曇らせることがあります。不信感を克服するために、私は可能性を想像し、その想像の場から行動します。「もし○○が可能になったら、これは、どんなふうに見えるだろう」と自問しながら。

鎧がはがれると、中の実が自由になり、単純に「在る」ようにいざなわれます。

内側に意識を向けると、そこには純真な場所があります。新しく繊細で守られた場所、私的で安全で自然のままの場所です。それこそが大切なもの、放たれるエネルギーの源なのです。

できない

can't

私が出会ってきたスクライブのほとんどは、セッションが始まり真っさらな壁と向き合うと、多少の不安にかられると言います。私たちの仲間には内向的な性格の人が多く、大勢の参加者を背に会場に立つというだけでも、結構勇気がいるのです。

声の抑揚に耳を傾け、流れてくる言葉、発音の癖、頭字語、比喩などをすばやく理解し、同じぐらいすばやく何を描くかを決めようとするうちに、自信がなくなり、自問自答がエスカレートしてしまうことがあります。「私は本当にこの仕事に値するの？ なぜ私なんかをここに呼んだのだろう？ いったい私は何を描いているの？ 裏に隠れても、誰も気がつかないんじゃない!?」と。

「できない……」という思いは、いとも簡単に意識に忍び込み、居座ります。そんなとき、「できない、できない」とつぶやくテープが頭の中で回りっぱなしだということに気づき、直ちにそれを止めて切り替える方法を覚えないと、あっという間に現場にのみこまれて固まってしまいます。そうなると、一気に坂道を転げ落ちてしまうのです。

最近、体幹を鍛えるために、カールというパーソナルトレーナーから個人指導を受けました。[23]

23 カールとの特訓は、私が利き腕の肩を悪くしたため、残念ながら終わりを迎えましたが、彼に教わったことは、その後もずっと生きています。

新しいエクササイズをやってみるように言われるたび、私はとかく「ええー、嘘でしょう！こんなのできるわけない！」とぼやいていました。するとカールは私を止めて、こう言うのです。「ひとたびできないと思ってしまったら、やらないと決めたのも同然ですよ」

「できない」は思い込み。

「できない」という思い込みは私たち（の多く）の精神に巣食い、化膿していて、わずかなチャレンジでも、破裂して染み出てきます。たとえばジムでこんな重いウェイトを持ち上げるのは無理だと思ったり、トレーニングを習慣づけることはできないと思ったりするときのように。思い込みは、自分のできることやできないことについてではなく、自分がどんな人間かということについて生じることがあります。今の例でいうと、「私は怠け者だから」という思い込みが生じているといえるでしょう。

そこには何らかの判断が介入します。過去の経験の後に残った何かが、思い込みを作ってしまうのです。かつて何かが起きたときに、恥ずかしかったり、もっといえば拒絶されたりしたと感じた。もしかしたら屈辱を感じて、それが将来の選択や展望についての思い込みを強化したのかもしれません。

私は子どものころ、地域のソフトボールチームで、熱心にプレーしていました。その後、バスケットボールのチームに入るためのテストを受けたとき、ゴールの真下からシュートしようとしたところ、転んで顔面を床に打ちつけてしまいました。その結果、チームに入れなかったのは私ひとり。そのときから、私のスポーツへの熱意は急激に冷めてしまいました。そして35年余りが過ぎた今、カールの助言のおかげで、「私は生まれつきスポーツが下手だ」という凝り固まった思い込みを振り払えそうです。

たぶん「できない」は赤信号のようなものなのです。自分の頭の中で青信号に変わるまで、一時的に止まるための信号。そしてきっと、ひとつひとつの「できない」は、実は手の込んだ贈り物です。それを受け取って初めて、現在のマインドセットを「もし、やってみたらどうなる？」へと、リフレームできるのですから。

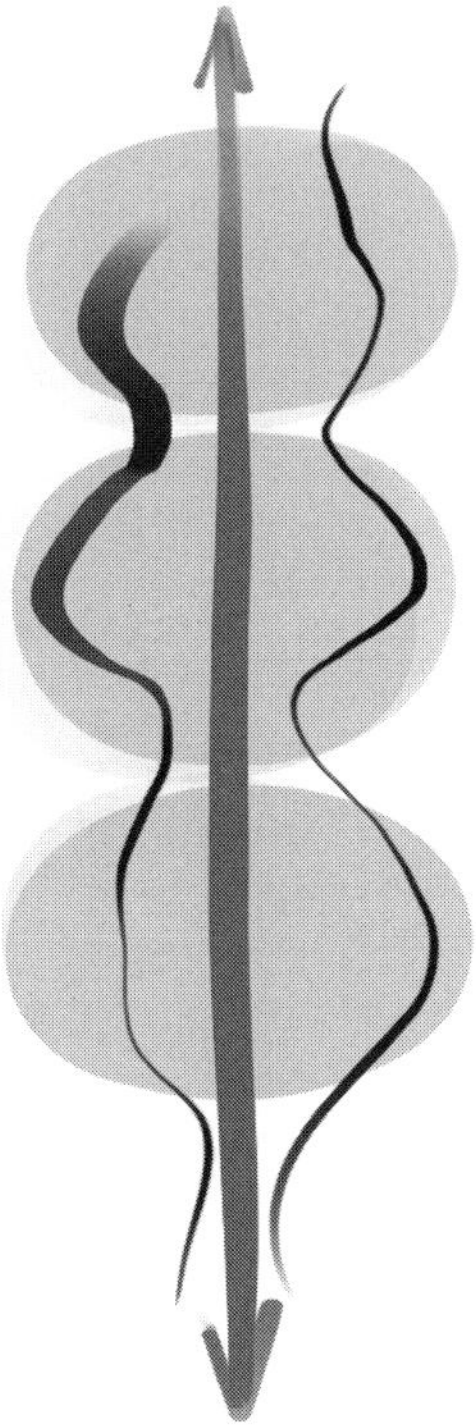

開く

opening

スクライブは、自分が開いた状態を保ち続けなければなりません。言葉のとおり、ただ開くのです。閉じてしまうと、その場で言われていることを聞き逃し、頭の中で迷走し、情報の流れも場が拾って欲しい意味もつかめなくなってしまいます。常に自分を開いたままでいるということは、身に付けるべき重要なスキルの一つです。聴きながら、描きながら、常に開いた状態を維持するよう努めなくてはいけないのです。

私がプレゼンシングの実践として、（結果はまちまちですが）積極的に磨こうとしている主な能力は、次の3つです。

開かれた思考――好奇心を持って、捉える
開かれた心――思いやりを持って、融合する
開かれた意志――勇気を持って、知り、そして描く

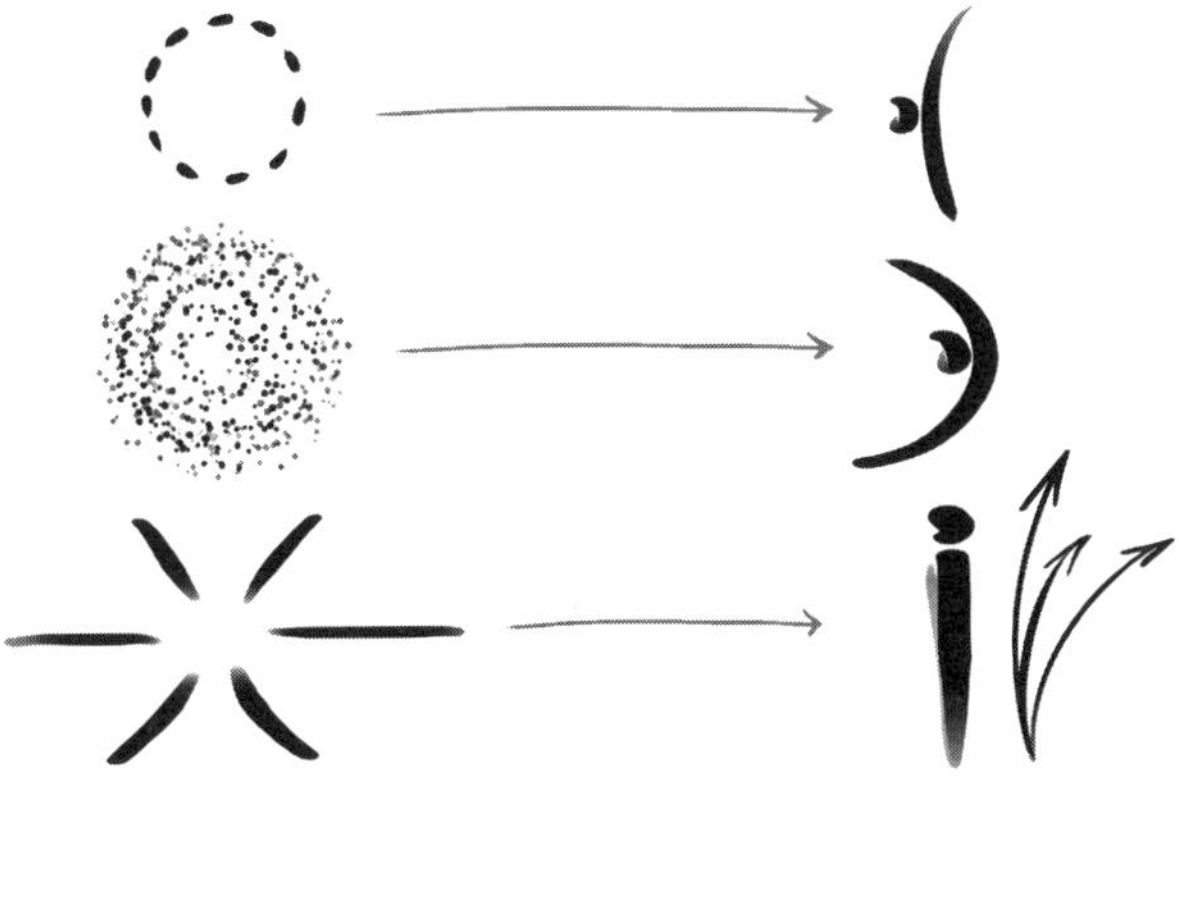

ところが、これらは次の3つの声に邪魔されることがよくあります。

評価・判断――思考を開くのを制限する
皮肉・諦め――心を開くのを制限する
恐れ――意志を開くのを制限する

これらの声はしつこく絡みついてくることがあるので、何とか描き続ける方法を直ちに考えなければならないときは、もう少し発展したアプローチがあればいいのに、と思うこともしばしばです。10人だろうが1000人だろうが、後ろで描写が展開されていくのを待っている人がいる限り、自分を閉じてしまうという選択肢はあり得ません。安全な場を提供しようとしているプロのコーチや、絶品のシチューを作るために完璧な材料を選ぼうとしているシェフに、自分を閉じるという選択肢があり得ないように。

ときに行き詰まりを感じ、3つの能力のどれも呼び起こすことができないときは、「どんなリスクがある?」[24]と呼ばれるエクササイズをするモードに切り替えます。本質だけをお伝えすると、何らかのジレンマに陥ったとき、自分の中のコーチがまず次のように質問するのです。(1)「これをやった場合、どんなリスクがある?」それに対し、自分の中のコーチングを受けている人は、考えられるリスクを挙げていきます。

次にコーチは、(2)「これをやらなかった場合は、どんなリスクがある?」と聞きます。

同じように、コーチングを受けている人は、何もやらなかった場合に起こりうるリスクを挙げます。

行き詰まった状況で、両方の場面をシミュレーションしてみることで、必要な行動と、許容できるリスクは何なのかが、見えてくるのです。

ときどき私は、行き詰まりのなかを進むことで、より大胆な自分を引き出せることがあります。また、リスクが大きすぎると感じたときには、より安全だと思える行動を選択しなければならないこともあります。そして、どちらを選んだとしてもまったく問題はないということも、わかっています。

大事なのは、どこまでできるかについて、自分の内面に正直であること。そして、できるだけ開いた状態で描き続けることです。

こんなことがありました。自分とは政治的立場が反対の人々が集う場で、私は何とか「開かれた思考」を維持したかったのですが、それは非常に難しいことでした。選択肢は2つ

24 この演習は、バーバラ・セシルによる女性のためのリーダーシップ・プログラム「Coming Into Your Own」に参加した際に習ったテクニックから若干ヒントを得てアレンジしたものです。詳しくは、ハル・ストーン、シドラ・L・ストーン『自分自身を抱きしめる(未邦訳)』Nataraj Publishing、1989年参照。

ありました。(1)語られている内容を検閲して自分の価値観に合うように描き直し、クライアントの考えを正確に表現しない。(2)自分の評価・判断は置いておいて、彼らのレンズを通して探究し、自分の好奇心を開く。最初の選択肢を選ぶことのリスクは大きすぎると判断した私は、2番目を選びました。

別の例もご紹介しましょう。あるとき私は描く手を止めて、「開かれた心」で話に聴き入り、その内容にかなり心を痛めていました。性労働者たちが、構造上不当な扱いを受けながら生活している実態を切実に語り、被害者としての権利を訴えていたのです。そのときのリスクは何だったでしょう。選択肢は、(1)どうせ司法制度の改善は望めないし、私が今何を描いても無駄だ、という皮肉な考え方に支配される、あるいは(2)被害者に思いやりを示し、問題に関わる構造的な要素をあえてすべてなぞらない、の2つでした。私は2つ目を選びました。

さらに例をもうひとつ。あるとき、私はステージで一時的に体が動かなくなってしまいました。私の制作過程が撮影され、会場の大スクリーンに映し出されるプレッシャーであがってしまったのです。私は、発言者が話している途中で、文字どおり思考停止状態になるのではないかという恐怖に襲われました。そのときの私には「開かれた意志」がなく、次の選択肢に直面しました。(1)たとえわずかでも、理解した範囲で描く、もしくは(2)何も描かない、の2つです。私は1つ目の選択肢をとりました。

自分の内面の雑音が具体的な前進を邪魔するときは、たいてい、複数の要素が最終的にエネルギーの解放と動きをもたらします。どちらのリスクを選ぶか、という考え方は、一つの手段にすぎません。私が覚えておくようにしているのは、次のことです。

開かれた状態を保つことで、私たちは場に現れたがっているものを通す通路になることができます。私たちは、見られたがっているものに奉仕するためにスクライビングをします。自分の内面の雑音を乗り越えることによって、その役目を果たすことができるのです。

自らの限界を知ったうえで、持って生まれた才能を使ってみることによって、私たちは弱点を乗り越え、真の強みを見つけることができます。

スクライビングを学び始めたころ、同僚たちが、人間や動物のほか、建物でも物でも、実物を見ずに記憶だけで何でも描けるのを見て、気後れしていました。生まれつきそういう能力を持っている人はいるもので、ペンを持てば、さらさらっと何でも描けるのです。彼らは話を聴き、聴いたままを描く。ごく単純な作業のように見えるではないですか！　私の場合は全然そうはいきませんでした。

そこで私は1、2年かけて、スケッチに言葉を添える形のジャーナリングに打ち込みました。その結果、自分のスタイル——自分の本当の声——は、自分にとってもほかの人にとっても、何かまったく新しい形でなければならないということに気づきました。私が「これなら描ける」と思える描写と、私独自

オーセンティックであること

authenticity

の情報処理の仕方、その両者を何らかの形で組み合わせたものになると思いました。（付録図12参照）

できあがったのは、有機的で自然界にあるものをベースにしたアプローチで、私が世界をどのように見て理解しているか表しています。[25] そこに辿り着くまで、個人的にも公の場でも、何度もつまずきました。そうして、何年にもおよぶ苦しい試行錯誤の末、ようやく自分の強みは一貫性を表に出すことだと、はっきりわかるようになったのです。

この経験を通じて、オーセンティックであるとはどういうことかを理解するようになりました。まだ駆け出しだったころ、私はほかの人のスクライビングをまねることで学習していました。共同ワークショップをファシリテーションするチームにいたときに、「ウォール・コピー」[26] といって、ほかのメンバーがホワイトボードに描いたものを記録するため、文字

25　私が開発したアプローチのだいたいの原型は、MG・テイラー・コーポレーションのブライアン・コフマンによって形づくられました。コフマンは複雑な相関関係を表す手段として、腎臓型のモデルを描き、自然界にある形ですべての思考を受け止めることができるということを教えてくれました。

26　「ウォール・コピー」は、デジタルカメラ以前の時代にホワイトボードに描かれたグラフィックを記録するためにASEで使われていた方法です。各担当者が、実際にホワイトボードで使われているのと同じ色のペンを使って、描かれている文字やイメージをクリップボードに挟んだ約22×28センチの紙に丸写しするのです。3日間のデザインショップ（DesignShop™）で何十枚と描き、数カ月にわたって何百枚も描きました。

どおり丸写しする方法があったのです。これは初心者がスクライビングのスキルを養う手段として、とても効果があります。しかし、独自の才能を発掘してそれを形にするには、個人としてもプロとしてもさらなる努力が必要でした。

私たちは好奇心に従うことで成長します。好奇心を持つのには、トップクラスの思想家たちと共に仕事をしたり、博物館を訪ねたり、新しい分野や芸術に触れてみるなど、さまざまな方法があるでしょう。新しい観点に出合うたびに、物の見え方は変化します。それは、普段は車で通る道を自分の足で歩いてみたときや、朝食のシリアルに入っている穀物が育つ畑の上空を飛んだときの気づきと似ています。

自分の内なる声、「そうだ、これが真実だ」という声に、耳を傾け始めることで、よりオーセンティックな自己に落ち着くことができます。声は、直感的な衝動が腹の底で走ったときに「いいぞ、やってみろ」と励まし、わくわくして胸が熱くなれば「これはお前にとって大事だ」と教えてくれるはずです。

そんなメッセージが聞こえてきて、メンターやコーチの助言を受けるようにその声に従っていくうちに、私たちは最も自分らしい本当の自分として存在することができるようになります。その「オーセンティックな自己」は、私たちが成長して、姿を現すまで、ずっと待っていてくれたのです。

私たちは模倣によって学習し、統合によって進歩します。そして、自らの源に触れることによって、熟達するのです。

耕す

cultivation

スクライブは人々の内省を助けます。参加者が受け取る情報のフィルター役なのです。スクライビングは絶え間ないプロセスなので、効果的に機能するには、定期的にフィルターを整えておかなければなりません。

内面の景色、すなわち自らの認識に無頓着でいたら、やみくもな行動に陥ってしまう恐れがあります。自分自身も展開する現実の一部であるという自覚がないまま、きれいに描いてしまうかもしれないのです。

十分に注意を向けなければ、より深いところに潜む可能性に気づかぬまま、上滑りな描写をしてしまうリスクがあります。何か新しいものに光が射すときの、あの繊細な一瞬に気づけるはずがないのです。たとえば、誰も言いたくなかったこと、そのひと言で対話の方向やトーンが変わるようなことを静かな声で言う人がいたとしても、聞き逃してしまうでしょう。

陶芸家の粘土に触感があるように、スクライブの描写は視覚に訴えます。しかし、スクライビングは社会的な場の気づきを促す土壌を耕すための手段なので、違うアプローチでの造形が求められます。

私は、成長するために、最良の自己を探してきました。その自己は、他を受け入れ、恐れや苛立ちよりも可能性を選び取り、新しいものを歓迎し、ときにはそこへの道を築こうとします。こうした自己であれば、描写が触れるシステムのどの部分にとっても、向かう方向の縮図としての役割を果たせると想像しています。

初めてそのような経験をしたのは、2006年に、アリゾナ州のガールスカウトのための長期プロジェクトでアシュランド・インスティチュートと仕事をしたときでした。そこでの私の主な役割は、評議会のスタッフや年長者やボランティアたちが行う数々のディスカッションで出る意見などを書き留めて記録することでした。具体的にいうと、人々が学んだことを口頭での振り返りから形あるものに置き換え、ほかの評議会や組織全体と共有できる状態にすることです。

アリゾナ州セドナの近く、小川や赤色岩や森に囲まれたキャビンの中で15名ほどの女性たちと行われたセッションのときのことです。その後の流れが変わるやり取りがありました。セッションの前、各メンバーはそれぞれ1時間半ほど、外に出て自然の中で静かに自分を見つめていました。自分の心の声を聴き、より深い知性を「迎え入れよう」としていたのです。キャビンに戻ったメンバーたちは、それぞれの洞察を話し始め、私はそれを描きとりました。

描いたグラフィックは、彼女たちが受け取った啓示であふれていました。

「これは全体を表すホログラム」「灯台としての役割を果たす。私自身が組織なのだから」

「熟考する人となって、出現が起こることを許す」など。発言が共有されるごとに、私の中で何かが変わっていったことを今でも覚えています。その転換は、より大きな場全体でも同時に起こりつつありました。その小さな部屋の中で、私は壁に向かって描き、女性たちは円になって座り、壁は図でいっぱいでした。誰かが何らかの貢献をすると（発言、絵、ジェスチャー、含みのある間《ま》でさえも）、それがほかのメンバーに届き、場を深めました。ひとりひとりの声がグループ全体の声として話していたのです。

私は人々の周辺にいるただのスクライブではなく、150万人以上のガールスカウトたちの将来を預かる集まりに帰属していると感じました。私は同僚とクライアントのために描いていましたが、同時に一つの文化的転換のファシリテーションをしていました。それは、その場の誰もが論理的に考える領域を超えていました。

スクライブは、内から外に向かって自らの姿を現すことによって、社会的な場《ソーシャル・フィールド》を活性化することに貢献します。

スクライブとしての実践を耕していくうえで、健康であることは大切です。精神状態が安定していることも重要です。心の状態も同様です。もしどれか1つでも弱くなったり淀んでしまったりしたら、自分に対してもほかの人に対しても、準備が整った状態とはいえないのではないでしょうか？

私の手が熟達して、描く線がより繊細になってくるにつれて、私の内なる調和も成熟し、決断を導いてくれるようになってきています。たとえば、仕事の依頼に対して、ときに「ノー」と言えるようになるには、どういう場合に「イエス」と言うかをはっきりさせる決意が必要です。いずれの返事にしても、軽く言えるものではなく、思考をはっきりさせておかなければなりません。私もまだ修業中です。

自分の思考を惰性にまかせ、記憶を頼りに描写してしまうこともできます。眠たいときや、時差ボケのときなどは、その技も役に立つかもしれません。しかし、長い目で見ると、新しい情報を吸収し、実験を続けなければ、成長が停滞してしまいます。

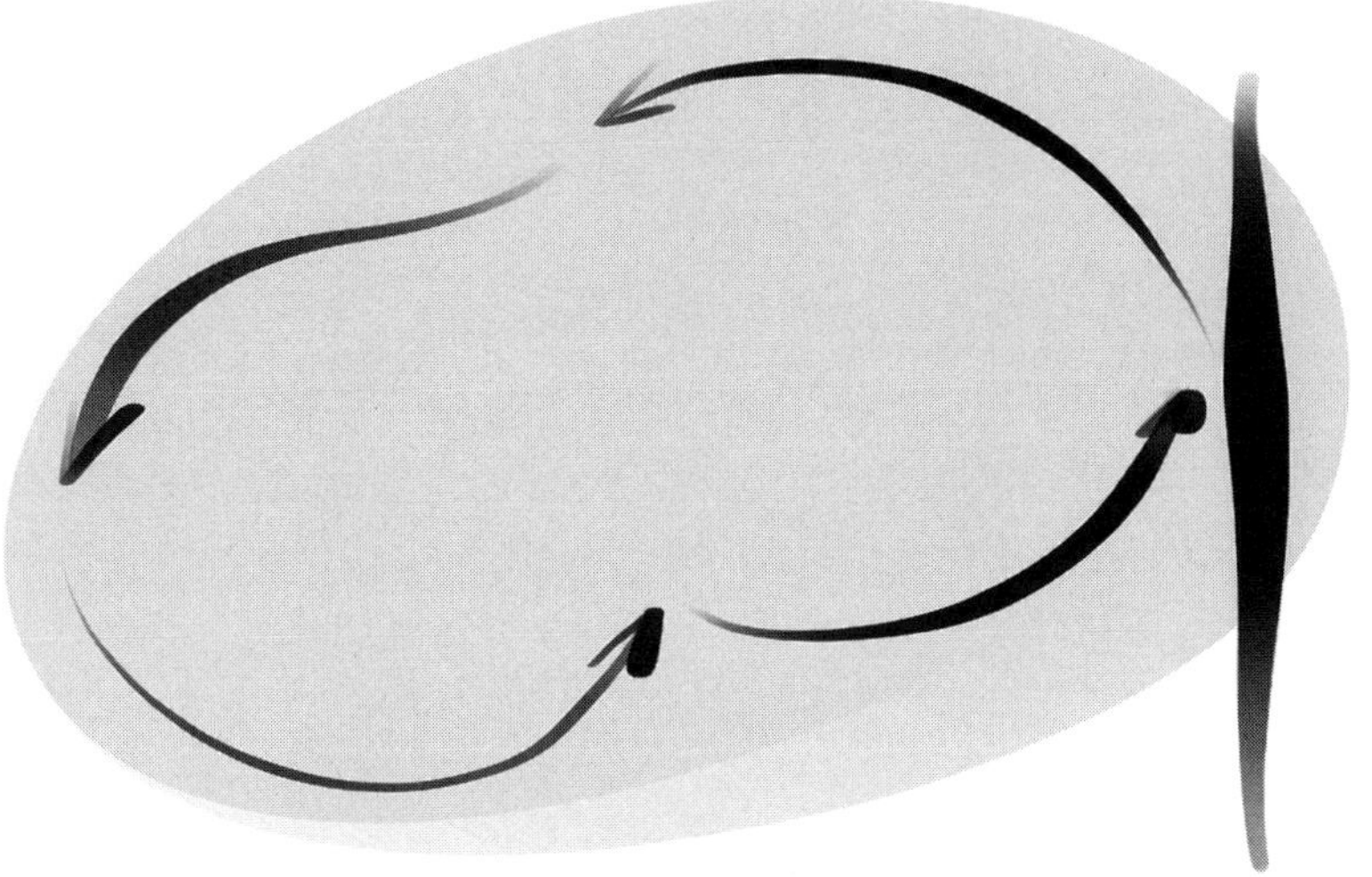

領域《ゾーン》

zone

スクライビングをしていて、感覚が最も冴えているとき、私はある領域《ゾーン》とつながります。私はこれを「相互領域」と呼んでいます。なぜなら、そこは私も含むそこにいる人々の身振り手振りが与える影響が織りなす蜘蛛の巣のようで、理解しようとその糸に関わるだけでなく、私自身もその糸のただなかにあると感じるからです。

私の頭、心、手、描画面、ペン、後ろにいる人、周りにいる人、部屋の境界、建物、その部屋の中で行われていることを支えている人々、過去に参加して現在の思考の基礎を作った人々、今日のアイデアを未来に運ぶ人たち、この壁の外に存在し、今日の参加者たちもその一部であるさまざまなシステムなど……すべては、蜘蛛の巣のように織りなす糸です。

私たちの接点は、一連の自己強化型ループ〔好循環、悪循環など、ある傾向が相乗的に高まっていく構造〕になっています。1人の人間の洞察が別の人間の洞察に触れ、1人の行き詰まりが別の者の行き詰まりに影響を与える、というように。よく冴えている日には、このような作用があることを認識していますし、それを感じることもできます。

どんなときであれ、私が提供できる在り方の質、私のエネルギーは、水面にさざ波が広がるように周囲を補強します。スクライブが呪文を駆使する魔法使いだと言っているわけではありませんよ。それは全然違います！　このエネルギーのフィールドには、誰でもアクセスできるのです。ただ、私たちアーティストが、形のないものを、目に見えない方法で、意識的に使うことに慣れているのは確かです。場のシステムに対して、私はまず俯瞰する人であり、それから積極的な参加者になります。私の役割は、何か違うものが現れ、明るみに出るための道筋を創ることです。

私たちは内にあるまだ見ぬ場とつながります。そうすると、私たちが住むこの世界にある驚嘆する精神につながる余地が生まれます。

意識が澄み切っている日は、私のプレゼンス、私の在り方の質が、自らの姿を現す力を与えてくれます。場の人々がどんな段階であっても、これから出現する可能性があるものを迎える空間をホールドするための力です。プレゼンスに辿り着くということは、ある意味、自分の考えや評価・判断の習慣を保留することであり、過去からの投影、そして将来の予測を手放すことでもあります。完全に今の瞬間に自らを置き、目の前の人々がいる場に加わって、彼らと共に、その場所から共創するためです。

プレゼンスを探究するということは、文字では表せない内なる言語を学ぶようなものです。最初はかすかにしか見えないとしても、その言語は確かに具現化されているものです。「恐れと行動への流れの間には、どのような障壁があるのだろう?」「心が落ち着いているときは、感じ方はどう違うのだろう?」「自分の意見を表現する立場にあるとき、どんな言語を使っているのだろう?」などと、自分自身に問いかけてみましょう。

こうした探究は、描写の美しさと関係ありません。目に見えない領域であり、そこで私たちは最も真のレベルで自分自身と向き合います。その場所に身を置くことで、描くものを通じて、その場に在る真実と出合うことができるのです。

その場にいる大勢の人々のプレゼンスを、その流れを感じるとき、息をのむような感覚に包まれます。そういう場で仕事をしているということ、表現されていないものに形を与えるということ、それこそが、私たちのプレゼンスがただ出合う場所である、相互領域がもたらす魔法なのです。

3

融合する

融合する
join

人生のゴールは
心臓の鼓動と
宇宙の鼓動を一致させ、
自分と自然を一致させることである。
——ジョーゼフ・キャンベル

融合するとは、自分のいる場所で自分自身と出会うこと、ほかの人がいる場所でその人たちと出会うこと、そして共に、世界のどこかで世界と出会うことです。

1人でいるとき、私は自分自身と、自分の心臓の鼓動と、より深く融合することができます。ときには、静けさと温かいお茶さえあれば、自分の芯のリズムにスッと入ることができます。

ほかの人と融合するとき――彼らの鋭さや柔らかさ、不安、または活力を受け取るとき――私は彼らの在り方《ビーイング》がどんな状態なのかに心を配ります。健やかなのか、苦しみなのか。カフェで知らない人と同席するとき、あるいは外国で会議の出席者と出会うとき、私はその人たちと似ている点や異なる点に気づくと同時に、私たちはみな同じ地面の上を歩いているということに気づきます。

私たちがより深い人間性を呼び起こすとき、境界線は消えてなくなります。

私は小さな子どもに話しかけるとき、しゃがんで子どもの目の高さに合わせます。クライアントや同僚にあいさつするときは、握手をしたり抱きしめたりします。犬を初めてなでるときには、まず鼻先に手を差し出して、臭いをかがせてやります。波打ち際を歩くときは、押し寄せては引く波の動きに合わせて、弧を描きます。

身体だけを見れば、私たちは、1人で日々を生き、死んでいくのかもしれません。しかし、私たちの心は、精神は、どの瞬間においても、無限に絡まり合いながら、1日を始め、そして終えるのです。

そう考えると、私たちは互いに別々の存在ではありません。

あなたにとって大事なことは、私にとっても大事なのです。

すべての縫い目には、隣り合う2つの部分があります。

すべての境界線は、融合するための機会を秘めています。

"Horas non numero nisi serenas."
「私は幸せな時間だけを数える」
——チョコレートBaciの包み紙より
（日時計にもよく刻まれているラテン語の句）

1987年10月27日。イタリア、ヴェニスにあるサンタ・マリア・フォルモーザ教会。当時21歳だった私は、友達と一緒に週末のスケッチ旅行に来ていました。留学の機会に恵まれた私たちは、まさに先ほどのラテン語の句を具現化したようなときを過ごしていました。人生の中でも、世界が大きく広がり、友情が結ばれ、いたるところに学びがあった時期で、私は幸せに包まれ、私のなかにも幸せがあふれていました。

それでいて……人気のない広場でルネッサンス建築の教会の横に座り、滑らかな小麦色の外壁に木製の雨戸のある深い窓、そして、蓋のある井戸の周りを歩き回る鳩を眺め、描いていた私は、その建物の中にいる人や魂と融合することは考えず、手元

悲しみ

sadness

のオイル・パステルと独りきりの時間に夢中になっていました。そのときの私はこうも書き残しているのです。

「でも、幸せは悲しみなしにはやってこない。両者は常に同じだけ時を刻む。私はすべての時間を数える。ただ、幸せな時間は、悲しみがあるからこそ、より特別なものになるのだ。コントラストなのだ」

これが、私がヴェニスで学んだことです。だだっ広い広場と、立ち入ることができない人々の住宅。それらを水路で仕切った都市ヴェニス。最新のファッションを求めて店に押し寄せる大勢の観光客と、それとは対照的な、何世紀にもわたって水に削られゆがんだ聖堂の床。ゴンドラに乗った芸能人に群がるパパラッチもいれば、独り広場に座り込む画学生もいる。

私はこれまで、よく悲しみについて日記に書いてきました。私にとって悲しみは、よく戸をたたいてやってくる親しい友なのです。でも、今は自信をもってこう言えます……。

悲しみは私たちを人生のニュアンスにつないでくれます。悲しみは、活動の色が現れる前の灰色の小休止なのです。

灰色を知らないでいると、色には微妙なバリエーションがあることを見落としてしまうかもしれません。灰色とは、たとえば、部屋の中で断言されていることに逆らって発言をする人の静かな声のようなものです。あるいは、一拍置いて内容を消化するために、語尾を濁す感じだったり、ため息をつく前や息を吐き出す前に、ふっと小さく吸う息のようだったり。スクライビングをするとき、このような微妙な言葉のトーンを描き表すとは限りませんが、私が場にどう調和するかに影響するのは確かです。

光が弱くなり、秋が来て落葉を地に戻し、自然が内向きにしぼんで冬の間休眠すると、また春がやってきます。一時眠っていた球根は、勢いよく芽を出します。薄黄緑色の春、そして黄金色の夏が戻ってきます。調和があふれます。

自然界と同じように、人の気持ちも巡ります。悲しみは、過ぎてゆきます。喜びが、戻ってきます。

悲しみは私たちに語りかけます。ひびや微妙な機微があることに気づいてほしい、もっとペースを落として歩んでほしい。もっと多様なものを広く受け入れてほしい、影が差す谷にも目を向けて、太陽が降り注ぐ山をよりはっきり見てほしい、と。

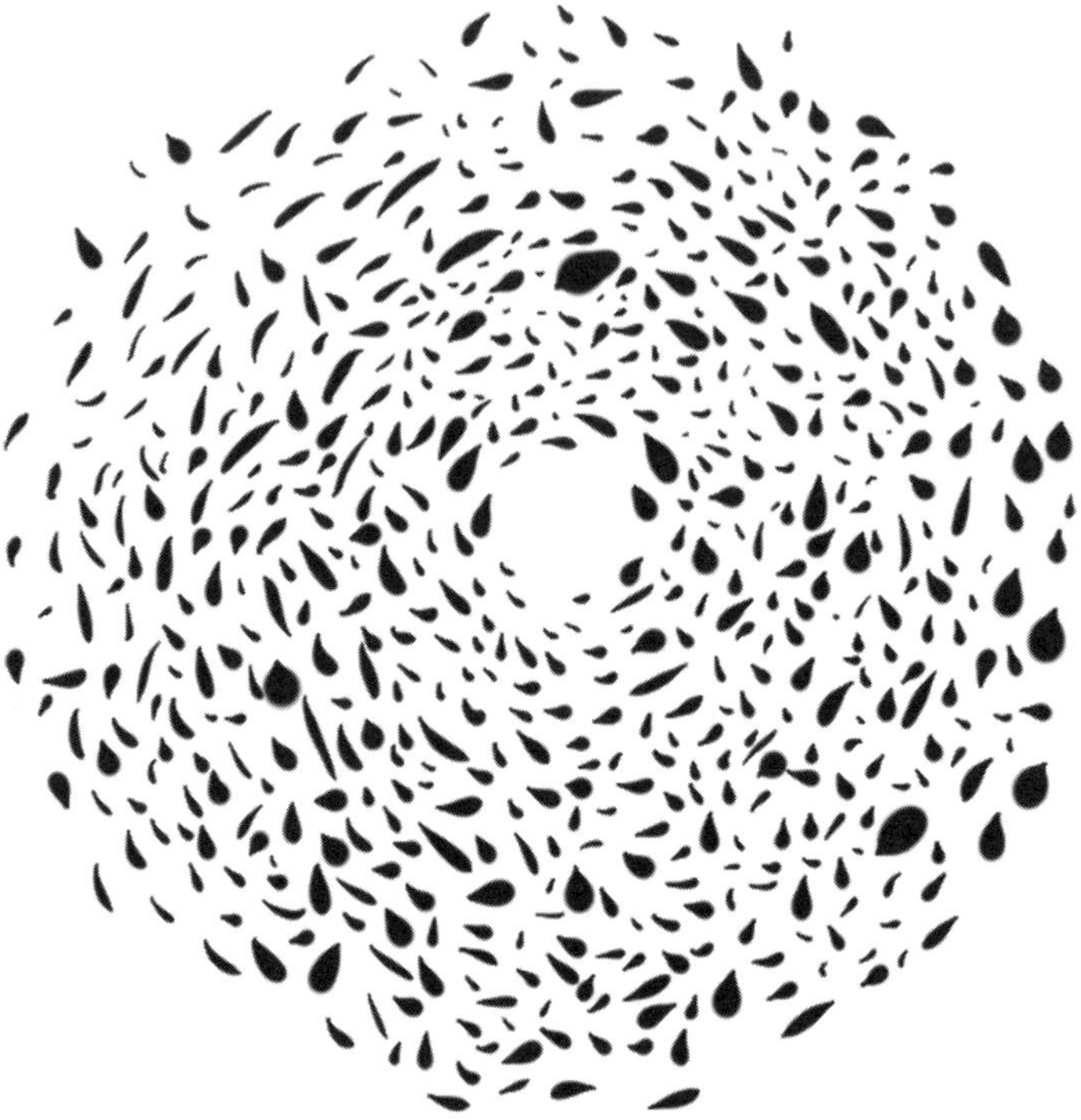

柔らかくなる

soften

私たちは、自らの姿を現すとき、待っているとき、準備をするとき、最初に描き始める前に、自らが場に貢献できるよう自らを柔らかく整えます。

りんごを熟してから収穫するのと同じで、私たちの仕事も、役に立つ季節になるまでの準備と成熟期間を要します。ファシリテーションの仕事には、最適な状態というものが存在します。硬すぎると譲歩できず、場から切り離されてしまいます。柔らかすぎると順応し過ぎ、いずれ崩壊します。

ただ、自然界で時間がたてば自然と実が熟すのとは違って、私たちは、必要なときはいつでも自分の意思で、程よく柔らかくなれるよう学ばなければなりません。落ち着いた状態ですべてを受け止められるようになるには、内面を整える必要がありますが、それがいつも外部からの要求と一致しているとはかぎりません。たとえば、ストロボライトを当てられてリハーサルをすることで、繊細な内面のリズムを邪魔されるということは、よく起こります。

もちろん、ほかの関係者の要望や準備作業に従うことは必要です。でも、そのためにスイッチを「オン」にしてしまうと、硬くなってしまうことがあるのです。行き過ぎると、私たちは分離してしまい、二元論的な考え方を強化してしまうかもしれません。私／技術者……私／対話の内容……私／大きな自己……「良い仕事をして良い評価や対価を得ることを気にする自分」／「現在置かれている状況で、最も深い洞察を提供できる、本当の自分」というように。

実際、誤解や苦情、仕様の変更など、思わぬ事態に備えるため、バリアを張って自分を守ることもあります。それにより、想定できる失望を前もって食い止めるのです。ただその結果、感受性を閉ざしてしまうリスクもあります。

何を受容するかと、知覚がどれだけ鋭敏になっているかは、相互に関係しています。そして、それによって選択やアウトプットも決まるのです。

ガチガチに硬くなると、ガードを固めてその場から切り離された状態になってしまいます。反対に、柔らかくなると、開いた状態になり、心が動かされます。そして、心が動かされると、感じることができ、さらにほかの感覚も目覚めていきます。防衛態勢が緩み、調和する力が強まり、受容する範囲は広がって、よりよく聴けるようになる。すると、洞察が開くのです。

私たちは直観的な「知」に出合います。それは言葉や考え方を文字どおりに理解するという次元を超えたものです。弛緩していると、私たちは体じゅうに細かい孔のある生き物として受容し、つながります。孔といっても、スポンジのようにただ吸収するだけではなく、意味を流し通すことができる高性能の通路のようなものが、体じゅうにできるのです。

私はペンを持つとき、そっと自分に言い聞かせます。決めつけ、思い込み、評価や判断を控える。それらを自覚し、自分の中にとどめ、場には持って入らない。壁に向かって立ち、ペンを持つ。ガードを緩めるために、腕を少し低く下ろす。

柔らかくなる。ほかの人の視点も受け入れる。気持ちを柔らかくして、感動に心をゆだねよう（涙するほどに）。

柔らかくなる。会場の息遣いを聴くために。息を吸い込み、吐き出すために。

柔らかくなる。自分の心の鼓動に気づくために。ほかの人の鼓動にも気づくために。

柔らかくなる。喜び、悲しみ、怒り、恐れを感じるために。それらの感情を聴き、認識するために。その内面だけでなく、それを越えて探究し、変容を促すために。

柔らかくなる。強くいるために。それでも自分たちは消えたり傷ついたりしないと信じる。むしろこちらに向かってくるものに出合えるように自分を広げる。そしてさらに、ひ・ら・く。

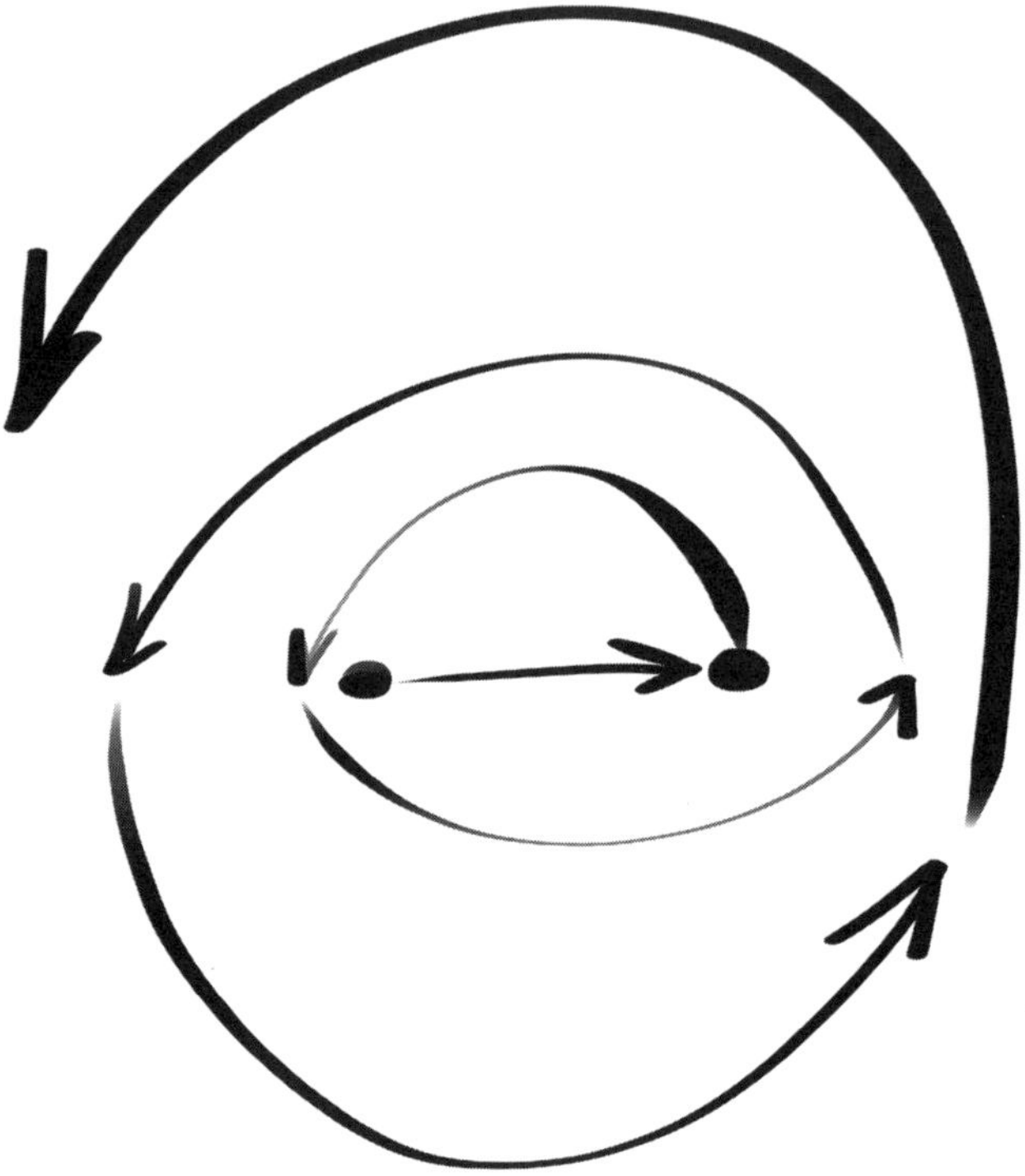

注意を向ける

attend

注意を向ける範囲を広げる。全体を覆ういちばん外側の皮膜を広げる。波長を合わせ、目覚める。

スクライビングをするとき、私が注意を向ける対象は何層にもおよびます。自分自身の存在と場の人々に。さらに、その人たちが所属する組織に、その文化を生み出す社会に、地球全体に……どこまで行くかはそのとき次第ですが、宇宙にまでおよぶこともあります。

私はこれらの領域に対して個別に、そして多くの場合は、必要に応じて、可能な範囲で、同時進行的に注意を向けます。

スクライビングをしている間じゅう、私たちの集中力にはさまざまな負担がかかります。

誰かのひと言や、ボールペンをカチカチ鳴らす音、自分のお腹がグーッと鳴る音や、足が痛いのが気になります。

誰かの独白が延々と続いて、苛立ちを感じることもあります。

さらに、自分の世界から一歩踏み出して、控えめな発言者の言葉に耳を傾けたときに、その人の声が小さくて少し震えていると、ほかの参加者との関係が気になります。その人のためらいを感じるのです。

何が起きているの？　どのような展開になるの？　私はどこに注意を向ければいいの？　このように、集中をそぐような負担が、さまざまなかたちでかかっていることに気づきつつ、スポットライトを当てたほうがよさそうな特定の要素、陽の光を求める芽に、焦点を合わせます。

そう方向づけて描いていくうちに、ボールペンの音は気にならなくなり、お腹の音もおさまります。震える声は成長のしるしに、独白は前置きに思えてきます。ただそれぞれ羅列すればいいだけの独立した考えではなく、より大きなメッセージを織りなすための、意味のある糸に見えてくるのです。

注意を向ける先を雑念から今ここに存在するメッセージへと転換させたことで、そこから先は、描くものも聞こえるものも、自然とその方向に向かいます。

私たちが注意を向ける範囲は、私たちが取り込んで受け止め、手を通して外側に現れ明らかにされるものの範囲と一致するのです。

受けとり、明らかにする。両者は広がりを持つ関係で、互いに補強し合います。私が開いていればいるほど、より多くに気づくことができます。多くに気づけば、多くを明らかにでき、多くを明らかにすれば、より多くが見られます。形そのものが成長を促すように、集合的な気づきの範囲は広がっていきます。

水占いの棒は、水源のありかを示します。同じように、ペンは、私たちを今この瞬間へと導いてくれます。そして、私たちはその地点から描くのです。

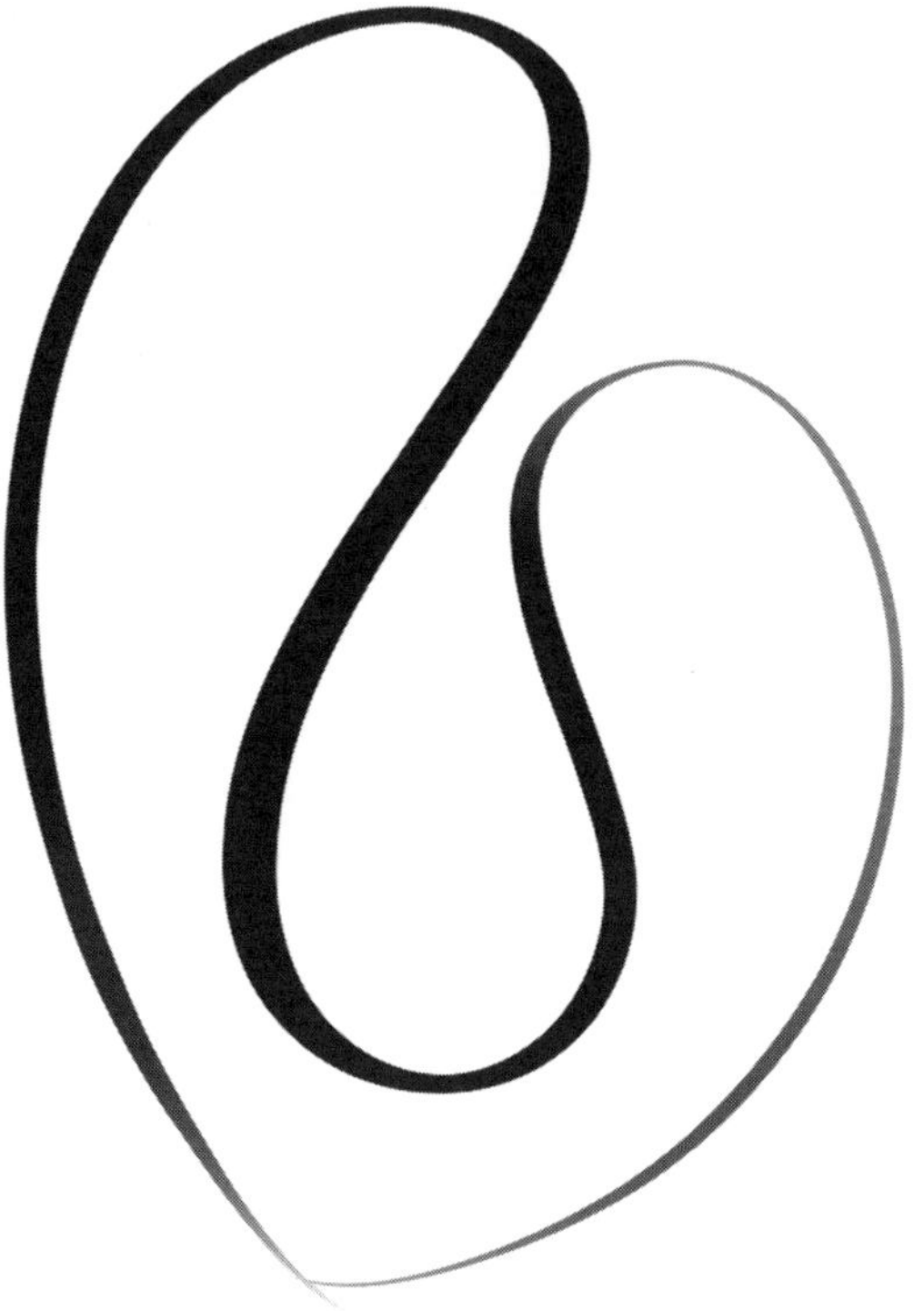

聴く

listen

私は本書をなるべく順不同に読めるように書きました。興味の赴くままに、章から章へ飛ばしたり戻ったりしながら読む読者もいるだろうと思ったからです。私はスクライビングをするときも、同じようなスタンスで描き進めます。

そしてそれは、私が聴くときのスタンスでもあります。五感のすべてを使って聴くのです。まず、池の水面に映るものに注意を向けるときのように、印象を捉えます。やがて、水面下にはオタマジャクシがいると気づき、その下には魚が、さらに下にはきらめく岩があると気づきを深めていきます。描くときは、何となく全体を網羅するトピック（水）を感じ取っていて、それを整理する構造（池）を想定します。つなぎとなる組織（岩）は、個々の要素（オタマジャクシ、魚）がはっきり決まってから描き加えます。

聴いているときは、それぞれの部分、部分同士の相互依存の関係、その意味に、同時に意識を向けます。

生成的なスクライビングをするために話を聴いているとき、最初に思い描くイメージはぼんやりしています。道の向こう側にいる人の顔の造作は見えていても、目鼻立ちまではっきりしないような状態です。その人が近づいてくるにつれ、両目がくっきりとしたアーモンド形に見えてきます。顎は少し上を向き、口の両端が上がっていて、笑顔であることがわかります。その顔、その人と、どのように関わるか――つまり、場の人々の発言とどう関わるか――は、その人が近づいてくるにつれ、はっきりしてきます。道の反対側にいる間、つまり、1時間のセッションのうち、最初の10分間は、私はまず自分の持ち場で気持ちを落ち着かせ、自分の中に入り、ひたすらインプットして理解し、意味を見つけようとします。

でも意味は、部分、相互作用、ストーリーがそろって初めてわかるものとは限りません。そういった要素と並行して、意味が現れることもあります。「聴く」ためには、個々の要素が浮上し、明らかになるのと同時に、並行してその意味に気づいていく能力が必要なのです。

聴くことは、あらゆる生成的な実践にとって、全体を貫く一本の筋です。

この章は本書のちょうど真ん中に位置しますが、実は私はこの部分を最後に書いています。それはもしかすると、この本自体が言いたがっていることを、まず全部聴く必要があったからかもしれません。自分がどのようにして聴いているかについて、内省する前に、聴くことについての章を書けるはずはないですよね⁉

聴くことについて本章以外で述べている個所を探してみました。いくつか抜き出してみます。

私が話を聴く、描く。参加者の皆さんはグラフィックを見る、そして話す。聴いて描いて。見て話して。見る聴く話す描く。皆さんが話して私が描き、みんなで見る、みんなで聴くという感じ。流れるような動きです。（はじめに）

特定のパターンに陥っていることに気がついたら、その構造を緩めたり引き締めたりするために足りないものを聞き逃さないように耳を傾け、そして描きます。（第1章／ダイアモンド）

私は話を聴きながら、どこに注意を払えばよいかを知るために、こまめに層に当てはめています。（第1章／氷山）（付録図13参照）

プレゼンシングの最中、私は、自分自身と最も調和のとれている自分の声を、指針として聴いています。（第1章／プレゼンシング）

論争が激化し、対立が生じた場合、日の目を見たがっていることをよりよいかたちで支援するために、強い器をつくる必要があります。強い器は、言葉や線をかき足すのではなく、私自身が聴く力を高め、私の在り方そのものを人々に信頼してもらえるようにすることで、つくられます。（第1章／器）

常に自分を開いたままでいるということは、身に付けるべき重要なスキルの一つです。聴きながら、描きながら、常に開いた状態を維持するよう努めなくてはいけないのです。（第2章／開く）

自分の内なる声、「そうだ、これが真実だ」という声に、耳を傾け始めることで、よりオーセンティックな自己に落ち着くことができます。（第2章／オーセンティックであること）

ガチガチに硬くなると、ガードを固めてその場から切り離された状態になってしまいます。反対に、柔らかくなると、開いた状態になり、心が動かされます。そして、心が動かされると、感じることができ、さらにほかの感覚も目覚めていきます。防衛態勢が緩み、調和する力が強まり、受容する範囲は広がって、よりよく聴けるようになる。すると、洞察が開くのです。（第3章／柔らかくなる）

と思いながらも、私は仕方なくその生き物を検索します。絵に加えないわけにはいかないからです。描かなければ、私がそのトピックについての発言を無視したことは一目瞭然です。もしくは、ちゃんと話を聴いていないか、理解していないと思われてしまいます。（第3章／笑う）

参加者が話していることを明確に描き表すためには……どの部分がデータなのかを聞き分けるようにします。（第4章／保留する）

このような観念的なフレーミングが、皆さんにとってどれぐらい難しいかはわかりませんが、描画面のレイアウトを短時間で考えて聴き方の方向性を定めるための便利な方法の一つだとお考えください。（第4章／フレーム）

壁の前に立ってみたとき、描かれたがっているものは何だろう？　何かを描き始める前に、その形をイメージする。もしイメージが湧かないときは、描かないこと。まずは、より深く聴こう。（第5章／信頼）

何を描くかは、ある程度は、自分の聴く力を頼りに主観的な基準で選びます。また、データを整理したり精査したりする能力に基づき客観的に選ぶこともあります。さらに、私たちが源とどうつながるかに基づいて、生成的に選ぶ部分もあります。（第5章／見分ける）

聞き方の「レベル」を意識することで、認識や可能性の転換に入り込みやすくなります。（第6章／スクライビングの4つのレベル）

私たちは共感するために、そして表すために、聴きます。（第6章／生成的なスクライビング）

さっきは嬉しそうにしていた彼女
今は誰かの膝で泣いている
「笑うのも泣くのも同じこと、
心を解き放っているの」と言いながら。[27]

仕事中、手に汗を握るピンチに陥ったとき、ジョニ・ミッチェルのこの歌詞に何度救われたかしれません。数えきれないほどです。描くのが難しいとき、特に機械の部品などの難しい物体を描かなければならないとき、私はちょっとしたパニックを起こし、その場から消えてなくなりたくなります。そんなときに、その場で崩れるか、それともパニックを振り払うかの選択肢があることをジョニが思い出させてくれるのです。

「ああ、もう嫌！　ゾウなんて描けない！」前に何度も描いているし、ほかの同僚の描き方を見てコツを学習したはずでも、ついぼやいてしまう私です。でもその都度、「ダメダメ」と頭を振って、ゾウの画像を検索します。我ながら笑えてくるのは、そん

笑う

laugh

なときです。

私にとって描くのがいちばん難しいのは動物です。なぜなら、動物は生きているから。本物の生き物の「生きている感じ」は、どうしても2次元では捉えることができないと思ってしまいます。

ヤギ？　はあ……。ラクダ？　ウシ？　ネコ？　ネズミ？　動物の名前が出てくるたび、私は苦水を飲まされるような気分になります（これを書きながらも、身がすくむ思いです）。「この部屋の中にゾウがいたとして……」と誰かが言うと、「皆さん、今の発言を聞きましたよね。意味、わかりますよね。じゃあ、描く必要はないでしょう？」と思いながらも、私は仕方なくその生き物を検索します。絵に加えないわけにはいかないからです。描かなければ、私がそのトピックについての発言を無視したことは一目瞭然です。もしくは、ちゃんと話を聴いていないか、理解していないと思われてしまいます。

そこで、ヤギ、ラクダ、ウシ、ネコ、ネズミ、ゾウなどを調べて、何とか絵になるように最大限の努力をします。それでも結果を見たら、笑わずにはいられません。

いつも何の動物だかよくわからない絵になってしまうので、注釈をつけるのは必須。描いたら急いで写真を撮って、同業の友人シータ・マグナソンに送ると、一緒に笑ってくれ

27　ジョニ・ミッチェル「人間模様」、アルバム『コート・アンド・スパーク』Asylum Records、1974年より

ます。そうやって誰かと共有することで、緊張がほぐれます。

いいえ、わかっていますよ。動物のアイコンを集めた本なんて山のようにありますね。動物園にも行けるし、暇な夜だってあります。要するに、練習したければいくらでもできるはずだって。あるとき、主催したワークショップでこの話をした後に、参加者の皆さんから素敵なノートをいただきました。最初のページを開くと、皆さんが思い思いにゾウの絵を描いてくれていたのです。とても心温まるプレゼントでしたが、それで私の問題が解決したかというと、そうではありません。

ただ、私は描くのが苦手なものがあるおかげで、どこか気楽でいられるときもあります。重要な仕事につきまとう深刻な空気が和むこともあれば、自分には持ち得ない明晰さをつい自分に求めてしまうことで生まれるプレッシャーを緩めるきっかけにもなります。1人壁の前に立っていても、笑ってくれる友人を思い出せば、緊張をほぐすこともできます。

楽しむことで、心は軽くなります。

笑いを通じて、私は自分の内面を見つめつつ、外からも自分を客観視できます。単純に、あるがままを心から楽しもうとすることができるのです。

さざ波

ripples

さざ波ができるのは、「私／彼ら」の対極構造を捨てて、その代わりに「私たちは一体だ」と考え、お互いが織り合わさった道を選ぶときです。

これは、自覚的で、精神性が高く、悟りに達したような選択かもしれません。と同時に、私たちは脈々と連なる触れ合いのさざ波の内に存在するという事実に身をゆだねる、ただそれだけのことだともいえます。そのさざ波は、私たちの身振り手振りや発する言葉のひとつひとつ、ときには沈黙を通してさえ広がります。

たとえば、見知らぬ人の買い物袋を持ってあげるという行為を通して。

たとえば、愛する人を失い、ふさぐ心を気遣ってもらうことで。

たとえば、私の考えがあなたの記憶にとどまり、あなたの考えが私に響き、お互いのその後の考え方に影響を与え合うこと。そうやって私たちは触れ合うのです。

この触れ合いのさざ波の力を否定することは、私たちに鼓動があること、生きているということを一切否定するのと同じです。私たちは呼吸をし、心臓が脈を打つから生きている。私たちは発し、受け取る。そして、磁石のように引きつけるのです。

自分たちで作り上げた分断を超えて、外に向かう動きと内へ向かう動きを通じて、ひとつになるのです。

4

捉える

捉える

perceive

切り離されたシステムはありません。世界はつながっているのです。システムの周囲のどこに境界を引くかは、議論の目的、つまり、何を考えたいかによります。

――ドネラ・メドウズ（『世界はシステムで動く』枝廣淳子訳、英治出版、2015年より）

何を観るかが、どのように描くか、どのような行動を起こすかを方向づけます。「観る」とは、目で見ることによる視覚の効果だけを意味するのではありません。池の水面に映る木の枝をじっと見ているとき、私の目が受け取る印象は脳に届き、快楽の信号を出し、それをきっかけに私の意識は、光と水と木の葉の関係に気づくかもしれないのです。私にとって、「観る」とは、システムのパターンやダイナミクスを明らかにし、レバレッジ・ポイントを見つけ、より良い結果に転換するために、そのシステムの考え方や構造、行動を認識しようとする過程のように思えます。観るとは、すなわちその複雑性を理解することなのです。

「知覚とは、たんに感覚的な刺激を受動的に記録したものではない。むしろ、私たちをとりまく現実社会を頭の中で積極的に再構築したものである」[28]

28　ライナー・ローゼンツヴァイク「認識することは観ること以上である（末邦訳）」（the World of the Senses、『FOCUS』所収、Max Planck Research、2001年4月号）http://www.kyb.tuebingen.mpg.de/fileadmin/user_upload/files/publications/pdfs/pdf3050.pdf.

私たちは観て、捉えます。診断し、理解し、位置づけるために。

私は池を眺め、水面の美しさを見て、物思いにふけります。小枝は浮かび、丸太が沈むのは、大きさと重さの違いだけによるのだろうか？　えさを求めて泳いでいる稚魚たちは、切断された木の枝それぞれに対して違う反応をするのだろうか？　池の底に沈んで真っ先に土にかえるのは、どの木切れなのだろう？

言葉＝稚魚。指示線＝木。色＝光。滲み＝水、地面、空気。テクスチャー＝葉。そう考えてみるとしたら。

どうすれば、私が観ているもの、認識しているものを、ほかの人にもわかるように変換できるだろう？　しかも、わかるというだけでなく、洞察につながるようなものにするには？

もしも私が池の境界線、すなわち対話の境目を明確に輪郭として示さなければ、どんな意味が暗示されるだろう？

もしも私が発言者たちの声の抑揚や美しさに思わず聴き入って、話している内容に気づかなかったら？

もしも私が稚魚と木（言葉と方向性）だけしか描かず、光（色）をいれなかったら、私の描写は何を示唆しているように見えるだろう？

もしも、100個の単語をまとめて書き、短い横線を引いて、隣にもう100個の単語を書いたら？　単語を25個選び、中くらいの太さの縦線に沿うように書いた場合と比べてどう違うだろう？　単語を10個だけに絞り込んで、太い縦線で仕切り、反対側にも10個書いた場合と比べたら？

自分が捉えていることを表そうとするときには、この微妙な描き分けが違いを生みます。先ほどの例でいえば、どの描写もそれぞれ独自の意味を伝えます。最初の描写は連結、次は依存、最後は分離を示しています。

でも、「もしも」ばかり考えすぎて解釈にのめりこみ、描写からどんどん遠ざかるあまり、境界線のある池ではなくなり、森の真ん中の青い点でしかなくなってしまったら？

要するに、大事なのは集中すること。注目し、注意を怠らないこと。そして、探究することです。

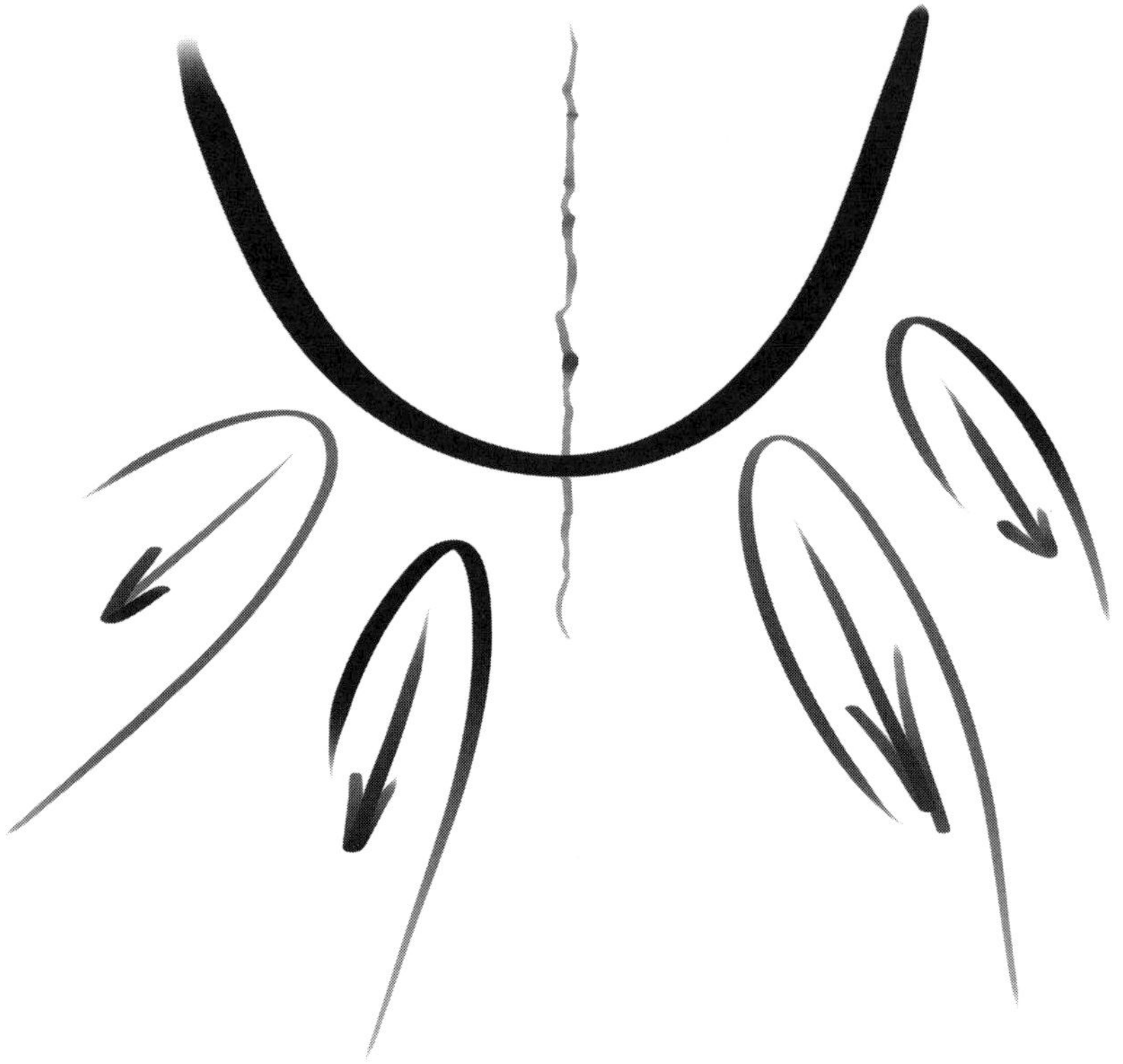

恐れ

fear

「悲しみ」が「融合する」ことにつながるように、「恐れ」は「捉える」ことにつながります。

ずいぶん前になりますが、ある友人がエルンスト・カッシーラーの引用文を送ってくれました。

「人間経験の深さも（中略）我々の見る角度を変え得ること、我々が現実に対する見解を変更し得ることに、依存しているのである。（中略）芸術は、現実の、より豊富で溌剌《はつらつ》とした多彩なイメージを与え、現実の形式的構造の、さらに深い洞察を与える。人間が、現実に向かう1つの、特殊で単一の道だけに限局されることなく、その観点を選択することができ（るのは）、（中略）人間性の特徴である。」[29]

29　エルンスト・カッシーラー『人間——シンボルを操るもの』宮城音弥訳、岩波書店、1997年私はこの引用文をパウル・クレーの1930年の作品「色彩表（灰色を基調に）」の絵葉書の裏に写しておきました。その絵葉書はさまざまな色にあふれています。数種の赤さび色、スレートグレー、樹皮、湿ったニューイングランド地方の土地、夜の空、そして霧――クレーの天才性を物語る豊かな色彩です。クレーは知覚を試すことで、色数の少ない地味なパレットから最大限のニュアンスを引き出すことができたのです。

この絵葉書は、ジョン・バージャー著の『イメージ――視覚とメディア』に挟んでありました。1987年ごろに初めてこの本を読んで、夢中になった覚えがあります。本のカバーにはこう書かれていました。

「見ることは言葉よりも先にくる。子供はしゃべれるようになる前に見、そして認識する。……世界における我々の位置を決めるのは、見ることなのである」

（『イメージ――視覚とメディア』伊藤俊治訳、筑摩書房、2013年より）

私が再びこの本と対面することになったのは、ある朝、ユングの元型、特に「魔法使い」のエネルギーへの入口となる「恐れ」について習熟しようと思ったときでした。その前の晩、近々担当するセッションのことを思って怖気づき、よりどころとなる言葉を探しながら眠りについていたのです。私はそのセッションで、世界中の1万人を超える参加者がライブ配信される映像を見守る中、スクライビングをする予定でした。[30] 準備は十分だしうまくいく。それに、サポートしてくれる人も大勢いるので心配はいらないとわかっていました。頭では。

それでも、私は明らかに恐怖心にとりつかれていました。ただ、「恐怖」という名の小刻みに震える不愉快な殻の内には、莫大なエネルギーもこもっており、恐怖を振り払うと、エネルギーまで無効になってしまいます。そのエネルギーと関わって、建設的に使えるように変換するには、恐怖と折り合いをつけるしかありません。その恐怖に根拠がない、ばかげているといったことはもちろん、関係ないとさえ自分に言い聞かせてはなりませんでした。

その晩、恐怖と潜在力の相関関係についても、思いを巡らせていました。恐怖の大きさは、私の手、私たちの手の中にある可能性の大きさに比例するのだろうか、と。

「2色の色が出合うと、そこには境目ができ、そこに大きな美的可能性が潜んでいるが、その可能性が実現されるのは、境目そのものが、絵を描く機会と捉えた場合に限られる……一方には固体感、すなわち塊があり、もう一方には空気と光がある」[31]

30　2014年よりMITxの主催で行われたマス・オンライン講座、「u.lab: Transforming Business, Society, and Self(Uラボ：ビジネス、社会、自己を変革する)」の一環として、ライブストリーミングされたセッション。

31　リチャード・ヘネシー「絵の描き方を忘れた男(未邦訳)」(『アート・イン・アメリカ』所収、1984年夏号)

もしかすると、恐怖は、過去（すでに知られていること）と未来の可能性（感じられたこと）の間にあるやっかいな「境目」なのでは？

でも、出現したがっているものは目に見えないのに、どうやってその全体を尊重することができるのだろう？　その姿を見るためには、別の視点から見なければならないのかもしれない。

恐怖と折り合いをつけ、それを燃料として使うことで、初めて手が開き、伸び、描くことができるのです。

1時間におよぶそのセッションに臨んだとき、自分の中の恐怖心は、私に必要な何らかの変化のしるしだと解釈しました。そして「私」は、そのセッションやセッションの映像を見る世界中の人々に求められる大きな変化を象徴する、1つの小さなサンプルにすぎないと考えたのです。

創造するためには、じっと寝ているわけにはいきません。起き上がり、場に現れ、恐怖との付き合い方を改めるしかありません。そのためには、恐怖を受け止める必要がありました。悲しみを受け止めることについて前述しましたが、恐怖も同じです。贈り物として、何とか受け取るのです。

このことを心に留めた私は、ほかの視点や選択肢はないだろうかと思い始めました。私のその日の努力はたった1つの「点」にすぎません。大勢の人が一緒に動かしている「点の海」の中の小さな「点」。私たちが社会的身体《ソーシャル・ボディ》として解き放つ可能性が織りなすものと比べたら、私の恐怖など限りなく小さいものでした。

恐れは、知覚への鍵であり、選択に至る道の途中にあるものです。

私たちは、恐れを通じて不確実性と向き合います。不確実性の中を歩みつつ、実験するのです。実験をとおして経験を重ね、知覚します。この知覚を経て、私たちは方向づけをします。方向が決まれば選択し、そして選択した結果、私たちは行動に出るのです。

思わずほかの人の発言を批判したり、行動を非難したりしてしまうことは、意外と多くありませんか？　私も自分で認めるのが嫌になるほど頻繁にやってしまいます。誰かが「そんなの不可能……」と言うのを聞くたびに、私の中の何かが顔をしかめてこう叫びます。「なぜあなたの考えはそんなに狭いの!?」

でも、私がそのような閉じた物の見方をしたところで、誰の役にも立ちません。会場の参加者、私自身、発言者本人だけでなく、行動を起こそうと考えている人にとっても良いことはありません。年間財務目標達成であれ、正しい音程で歌おうとすることであれ、火星着陸であれ、どんな場面であっても同じことです。私は否定形そのものを、瞬時に二重否定を構築することで非難しており、可能性を狭めていました。

可能性を狭めるのではなく広げたいと願う生成的なスクライブとしては、常に自らの内なる景観を整え、一方的な評価や判断を保留しなければなりません。そのためには、あらかじめ確認しておかなければならない事項があります。自分のメンタル

保留する

suspend

モデル、会場の参加者たちの思い込み、組織の文化のほか、代表されているセクターや地域ごとの見解についてさえも、知っておくことが大事なのです。

私は、自分の考え方や心の状態に惑わされ、不注意にも実際に起きていることに対して意識を閉ざしてしまうという事態に、いとも簡単に陥ります。ときには、スクライビングをしていて、自分の字が読めるかどうか、綴りが間違っていないかといったことが、過度に気になってしまうこともあります。完璧主義にとらわれ、実際の発言の流れを見失ってしまうのです。また、発言者の言ったことに同感できず、その内容をグラフィックの中に加えることへの自分自身の抵抗と向き合わなければならないこともあります。

あるとき、かなり地位の高い人の集まる世界経済についてのセッション（特別なホログラムの入ったバッジを着用しないと入室できないような会議）でのスクライビングを担当し、その場に集結した高官たちを前に、私の神経は相当高ぶっていました。

私は、その会議には外交的な要素が絡むため、質の高い議論はされず、どんな話が出たとしても重要な意思決定に影響を与えるはずはないだろうと推測していました。しかし、私にいったい何がわかっていたというのでしょう（実際、私は間違っていました）。

データを確かめ、思考を開いた状態でいること、そして自分勝手な考えにとらわれないことです。

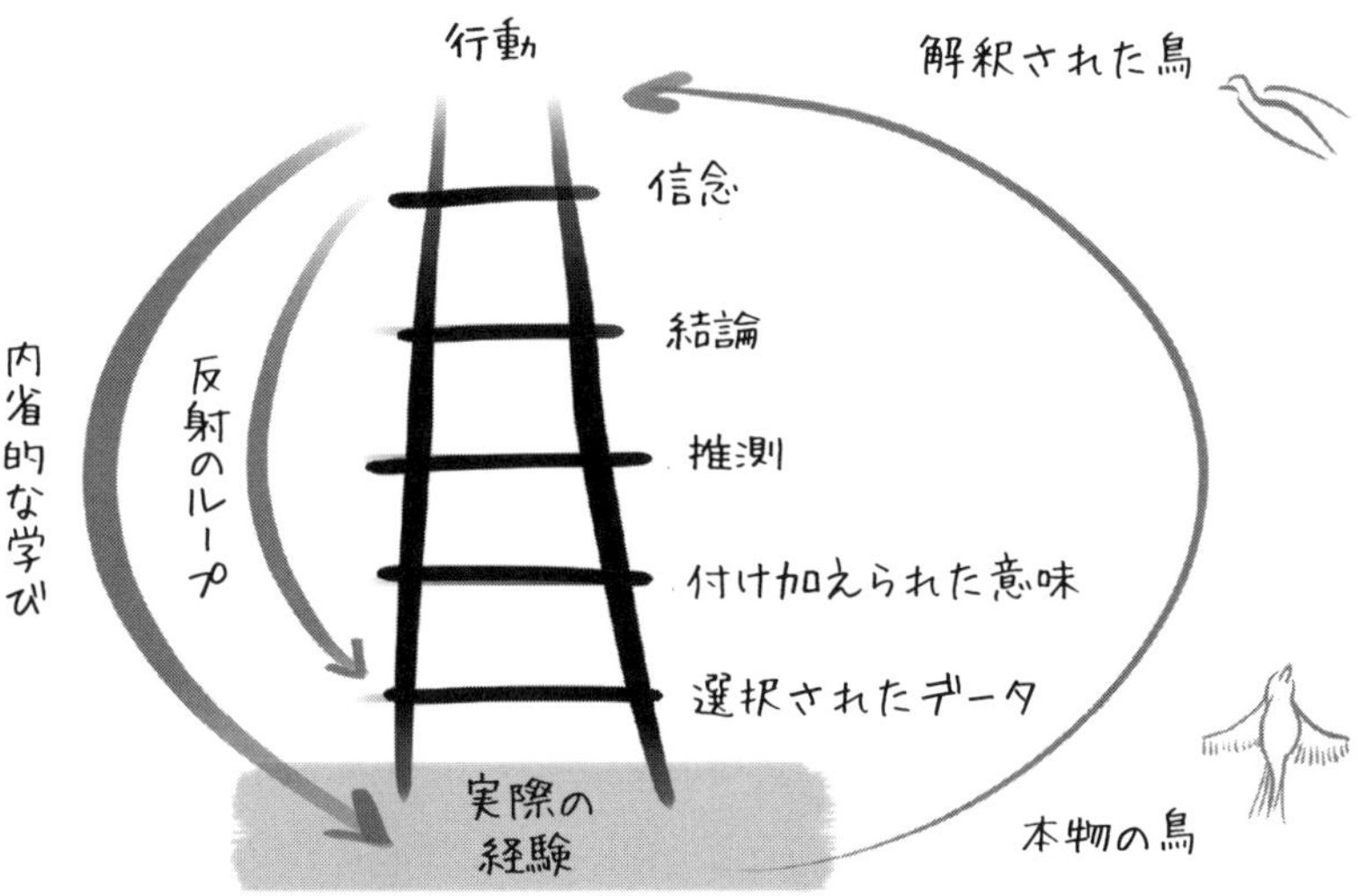
行動
解釈された鳥
信念
結論
推測
付け加えられた意味
選択されたデータ
実際の経験
本物の鳥
反射のループ
内省的な学び

勝手な評価・判断を保留するために私が使う基本的な枠組みは、「推論のはしご」というものです。「推論のはしご」とは、経験に基づいたデータと、思い込みに基づいた行為の間の思考を段階的に表したモデルです。[32] はしごのどの段も「今」であることには変わりありませんが、上のほうはより抽象的な記憶に左右されがちで、下のほうがよりしっかり現在の地に足を下ろしています。

はしごのそれぞれの段は、上から次のようになっています。

信念・世界観：絶対に真実だと思い込んでいること。〈私が描く鳥の絵を見て、鳥だとわかってもらうためには、飛んでいるところを描く必要がある〉

結論：推測に基づく判断。〈鳥は、飛んでいる状態がいちばん鳥らしく見える〉

推測：正しい、あるいは確実に起こると思っていること。〈ショウジョウコウカンチョウも、どんな鳥も、よく飛びまわるに違いない〉

32　ピーター・センゲほか『フィールドブック学習する組織：「5つの能力」企業変革をチームで進める最強ツール』柴田昌治、スコラ・コンサルタント監訳、牧野元三訳、日本経済新聞社、2003年

付け加えられた意味：ある言葉、文章、考え方や行動から、解釈されたこと、あるいは推論されたこと。〈ショウジョウコウカンチョウは、毎日えさを求めて、家から家の裏庭を飛び交うに違いない〉

選択されたデータ：論拠とするために集められ、選ばれた事実や統計。〈ショウジョウコウカンチョウは、平らな場所でえさを食べ、気まぐれに飛んできては飛んでゆく〉

実際の経験：事実、出来事や事件との実際の接点。〈私と弟は、ショウジョウコウカンチョウが裏庭でえさを食べているところを時々観察する〉

反射のループ：私たちの持つ信念・世界観が、将来データや行動を選ぶときに影響をおよぼす。〈私は飛んでいる鳥を描くし、舞い降りてくる鳥や飛び立つ鳥を観察するが、木の枝や地面にとまっている鳥を眺めたり描いたりしない〉

内省的な学び：理解を深めるため、よりじっくり観る。〈私は生き物を描くのが大の苦手だが、さまざまなシチュエーションの本物の鳥をじっくり観察して、いくつも形態をスケッチしておけば、鳥の絵も上達するだろう〉

ここで、1つ例をご紹介しましょう。これはスクライビングではなく、私の実生活での行動に基づくものです。ある経験を出発点とし、何かが起こるにつれて、私がはしごの段を上ったり下りたりする様子がわかります。

私は母に電話をかけ、「元気にしてる?」と聞きました（実際の経験に基づく行動）。「元気よ」と母は答えます（データ）。

でも私は、〈なんだか声が低いし、しゃべり方も遅い〉（データ）〈元気そうに聞こえないな〉（付け加えられた意味）と思います。〈まずい。この調子だと、いつものあの嫌な感じの会話になりそう。皮肉たっぷりに何か言われるんじゃないかしら〉（推測）。

お気づきですか？　私はあっという間に推測に飛んでいますね！

ここで私は母に「どうかしたの?」と聞きました。質問をして、いったん母の実際の経験のレベルに戻ろうとしたのです。「どうもしないわよ。これから歯医者に行くところ。12時には水道工事の人が来るし、その後は読書会があるの」（多くのデータ）。

それでも私は、体のどこかで、心の奥で、母の言葉の裏、声色の背景に何かがあるように思え、母が話していないことがほかにもあると考えてしまいます（結論）。

私は自分の頭の中で作り上げた現実を母の言葉と入れ替えているのです。つまり、母の「元気よ」（データ）を〈元気と言っていても本当は元気という意味ではない〉（信念）に置き換えています。そして、自分の解釈は正しいと確信しているのです。

私はこう考えました。〈母は何か隠している。私を守ろうと思っているからかもしれないし、煩わせたくないからかもしれない。とにかく、今そのことをしゃべりたくないのは明らかだ。このまま話し続けても意味のある話はできそうにない。それなら、もう切ろうかな〉。

ここでも、私はあっという間にはしごの上段に戻っていますね。また、その過程で私は母との会話について、独自のストーリーを作り上げ、それにとらわれて反射的になっています。結局、母の話を聴くのをやめて、電話を早く切りあげてしまいました。

自分の信念が自分の経験を補強したため、その経験が、将来私が何をどう聴いたり経験したりするかに影響をおよぼす可能性は高いでしょう。その結果、いずれまた母と電話をするときに、きっと同じようにはしごを上ってしまいます。

さて、話を戻し、この例をスクライビングに当てはめてみましょう……。

参加者が話していることを明確に描き表すためには、自分が何を聴いたか、そしてそのうちのどの部分を選んで描くかを、はっきりわかっていなければなりません。ある人が結論を述べていると思ったら、どの部分が推測や付け加えられた意味で、どの部分がデータなのかを聞き分けるようにします。そのような要素が見えにくい場合は、その人の結論を描写することもできるし、あえて入れないという選択もできます。

発言の中に「将来」という言葉があったら、その場の人々全体が未来に焦点を合わせていると推測してよいでしょうか？　中にはためらったり懸念を抱いたりしている参加者もいるのに、私がその人たちの声を聞き逃しているのかもしれません。

データを表面に出すためには、「はしごを下りていく」必要があります。引き金が何であったとしても、そのセッションの目標が何であろうと、私たちスクライブは実際に使われた言葉に戻らなくてはなりません。

はっきりわからないときは、立ち止まりましょう。ペースを落としましょう。

推測をしていないか確認しましょう。描画面から目を離し、実際の言葉や発言者、データに心を寄り添わせましょう。発言者の立場に立ちましょう。別の観点から見てみましょう。そして、どんなに描きたいと思っても、はしごから下りてきて地に足がつくまで耐えましょう。

このようにその場で自問自答することは、流れるようにスクライビングをする必要がある私たちにとって、妨げになる恐れがあります。自分が聴いたと思ったことの正確さを確認するという作業は、次の言葉、その次の言葉へと向かおうとしている意識の勢いを途切れさせてしまうかもしれません。それでも、誤った表現を100回するよりは、ぴったりの解釈を1つだけ反映することのほうがずっと価値があります。

描写は1000の言葉に匹敵する力を持つことがあります。ただし、それは、その描写が実際に言及された内容を反映している場合に限られるのです。

フレーム

frame

フレームを作るということは、境界線――限界、空間、選択肢――を示すということです。フレームは、仕切りを作ったり特定の領域を定義づけたりするのに便利ですし、その後、関係性に応じて、つなぎ合わせることもできます。物理的なフレームと、私たちが頭の中で考えているフレームとは、お互いに並行しています。可視化の実践にはその両方が必要なのです。私は、紙の上で言葉や形を整理しながら、頭の中の情報も整理します。

まず、物理的な枠としてのフレームの機能を見てみましょう。

フレームといえば、２次元のものを保護する縁、たとえば、窓枠や、メガネのフレームがありますね。図で描くなら、四角や円で表すことができます。紙の四辺もフレームになりますし、グラフィックが貼り付けられた会議室の四方の壁も、フレームと呼ぶことができます。

話の内容をフレームで囲むのは、どんな文脈が共通しているのか示すためです。類似した考え方ごとにグループ分けして、線で囲むのです。ただし、フレームを作る意義は、箱に入れたり、うまく収納したりすることだけではありません。

フレーム作りの究極の目的は、選択するための条件を設定することです。

私たちは、フレームに入るもの・入らないものの割合や、近似性の度合いを示すことにより、参加者に対して、何が入って何が入らないかの一つの境目を提供します。参加者はその情報をもとに、グラフィックと照らし合わせて自分たちはどこに身を置くのか決められます。たとえば、あるチームに参加するか、しないか。あるいは、新製品を拡大するか、事業を縮小するか、などです。

観念的な枠としてのフレームは、私たちが聴いて直観するものを構造化するレンズとして機能します。

私は自分の思考の足場として、よく観念的な枠組みを使用します。セッション前のクライアントとの打ち合わせの段階から想定することもあれば、セッションが始まってすぐ、ほとんど最初の1分で、壁の前でひらめくこともあります。まずクライアントの意図や求める結果を思い起こします。行動や内省の原動力になり得るものです。そして、自分の記憶の中から、そのセッションを聴くうえでの背骨にできそうな、ゆるやかな構造を探します。その構造を基準にして話の内容を聴いていくのです。

絶対に失敗しない枠組みの一つとして挙げられるのが、ロバート・フリッツの「創造的緊張（クリエイティブ・テンション）」モデルです。[33] このモデルでは通常、「今の現実（Current Reality）」がいちばん下、「ビジョン」がいちばん上に示され、その間の部分が両者間の創造的（あるいは構造的）な緊張を表しています。

たとえば、セッションによっては参加者の強い願いは非常にはっきりしていて、ただ行動を起こす出発点を設定するための基礎作りだけが求められている場合もあります。

あるいは、戦略に関する話し合いを聴いていて、保守的なアプローチ、つまり現状維持を望んでいることがうかがえるような発言に気づくことがあります。たとえば、「壊れていないものをなぜ修復する必要があるんだ？」「さあどうでしょう……私には何も問題はないように見えますが」「今年新たに100個も部品を追加で生産する余力はない」など。このような発言を私は、安全性や維持への傾向だと解釈します。そうして、「創造的緊張」モデルでいう「今の現実」だと捉え、これらの発言は描画面のいちばん下に描きます。

そのうえで私は、この場の人々にはあまり強い願いがないといえるのだろうかと考えます。ただ、それを裏付ける言葉もデータもまだありません。そこで私は強い願いが現れる余地を残しておこうと考え、「ビジョン」のためにいちばん上のスペースを空けておきます。これは、まだ料理している途中でお皿にどう盛り付けるか考えるのと似ています。そこに

33　このモデルの図とより詳しい情報については、第5章の「選択」の節をご参照ください。

お皿があるから、空いているスペースを埋めようという気がより強く起こるかもしれないということです。

スクライブは、構造を提供するためにフレーミングします。

私が頭の中でどのようにフレーミングするかが、描写をどう構成するかに影響します。参加者が目にするのはその描写であり、それが問題の構造をどう理解するかに、影響します。良い例となるのが付録図16です。ここでは、全体を大きなタイムラインで表しました。今の状況だけにしぼった構造を示すのではなく、「今ある状態」と「今後あり得る状態」の両方を表し、その間にある「機会」に焦点を当てたのです。

このような観念的なフレーミングが、皆さんにとってどれぐらい難しいかはわかりませんが、描画面のレイアウトを短時間で考えて聴き方の方向性を定めるための便利な方法の一つだとお考えください。同様に、自分はいつも特定の視点から見るほうがわかりやすいと思う場合は、自分のフレームやほかの人のフレームを客観視するために、あえて視点を変えてみるのも有意義です。

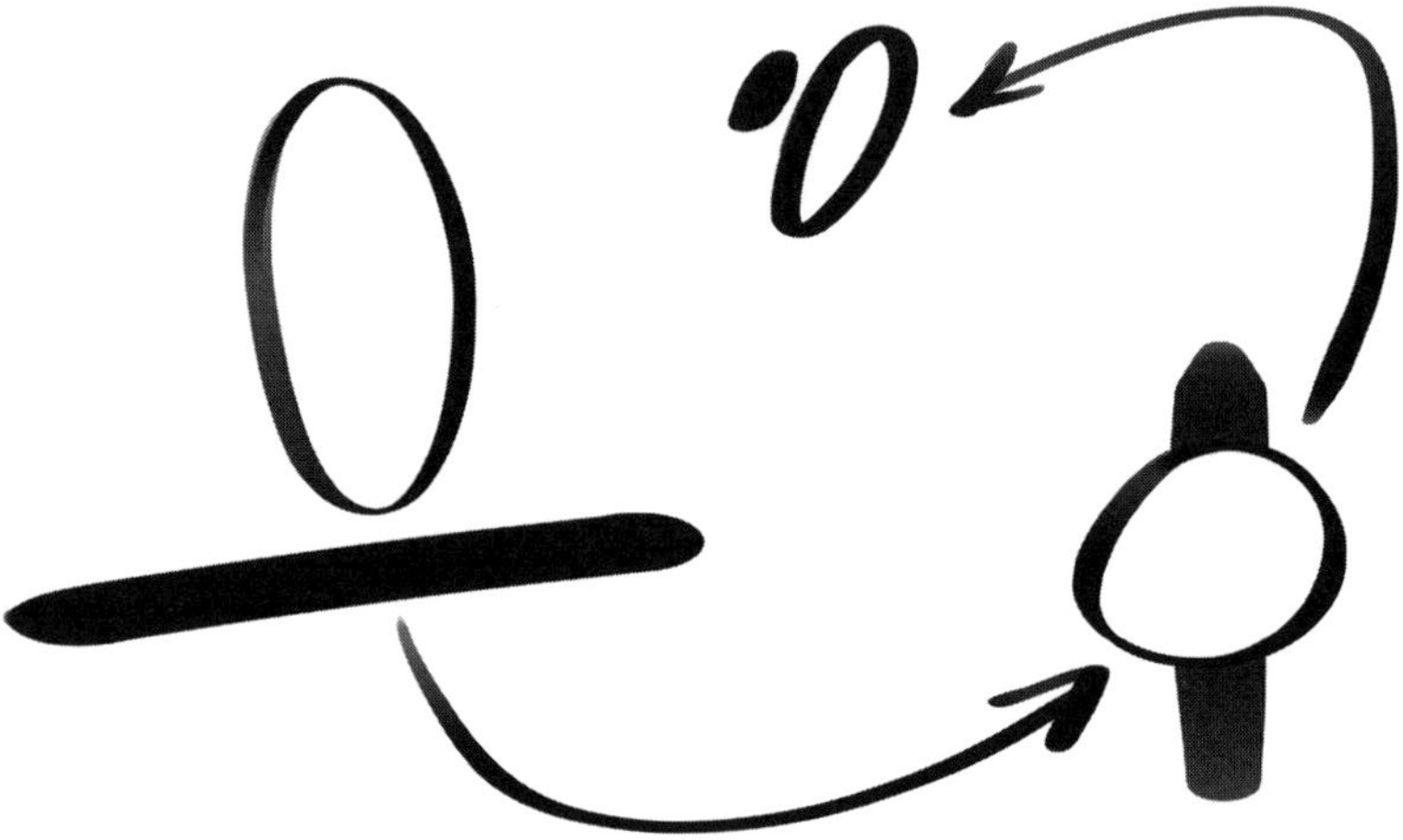

リフレーム

reframe

リフレームとは、同じアイデアに対して新しい見方をすること、新しい視点から想像することです。

ある見解があるとします。私たちは、その見解を裏返しにすることで違う見方で見て、ほかの人も異なる視点で見られるようにします。そうすることで、可能性への扉がより大きく開くのです。

「雨が降っている！　室内にいなければ」は、「庭の水やりになっている！」になります。これらは二者択一ではありません。視点が違うだけで、どちらの考えも成り立ちます。

感情についても同じような例が挙げられます。強い感情が起こるとき、たとえば、愛する人と別れるのが悲しいと思うとき、その悲しみとの関わり方を変えることができます。「会えなくなるのは寂しい」ではなく、「次に一緒にいられる日を楽しみにしている」と。

スクライビングを依頼され、大きく滑らかな描画面が壁一面に準備されているものと思い込んでいざ会議室に行ってみると、テープで紙が貼られたフリップチャートが何個か準備されているだけで、広い壁はまったくなかったとします。そういう場合、急いでアプローチの仕方をリフレームしなければなりません。たとえば、フリップチャートを部屋の一角に集めるとか、フリップチャートから紙をはがして窓に貼りつけていくとか。落ち着いて実践するためには、もともと自分の頭の中にあった条件を設定し直す必要があります。「壁一面」を「部屋の一角」に置き換えるのです。

一つのフレーム（枠）にとらわれていると、一つの見方に固定されてしまいます。リフレームすることができれば、複数の視点から物事を見ることができます。

ほかの例もご紹介しましょう。あるとき、私はフラッキング（水圧破砕法）がテーマとなる石油・ガス業界の会議で、スクライビングを依頼されました。私は環境保全主義者を自認しており、それまでも特に気候変動や生物保護を扱うテーマについて、積極的に組織と仕事をしてきました。だから当然その会議が、自分にとって苦しいものになるとわかっているつもりでした。ところが……。

自分の描写が休憩時間のたびにホテルのメインロビーに貼り出されるとわかったうえで、壇上に立ちつつ、私は何ということをしてしまったのだろうと思っていました。しかし、もう逃げ道はありません。仕事として引き受けてしまった以上、最後までやるしかないのです。次々にプレゼンテーションが行われ、いかにして石油やガスの売り上げを拡大するか、現地の技術開発を進め、採掘施設の安全性を高めるかについて、話が進んでいきます。すべてはフラッキングへの投資拡大をはかるのが狙いなのです。私は描いている間じゅう、胃がひっくり返りそうな気分でした。「どうして私はこんなことの手助けをしなければならないの!?」という思いでいっぱいでした。

一方で、私はどこかで、この場とクライアントの要望にきちんと応えるためには、個人的な立場はいったん脇に置いておくしかないとわかっていました。フラッキングに反対する気持ちに変わりはありませんでしたが、自分のスタンスを完全に閉じたものから、よりオープンなものへリフレームすることができたのです。

そして、探究のレベルを上げることにより、私の眼も開かれました。会場にいる皆さんは、ビジネスを拡大することに情熱を持っていました。私は持続可能なエネルギーに情熱を持っています。お互いの情熱は相反するものですが、その強さは同等でした。私が自分の考えを尊重してもらいたいと思う以上は、彼らの考えを尊重する道も見つけなければなりません。

この経験を思い出していて気づいたのですが、リフレームする必要があるのは、とかく強い信念が関係しているときなのかもしれません。実際、私がアプローチの仕方を考え直す必要があったのは、自分が「推論のはしご」の上のほうにいるときがほとんどでした。個人的な信念や推測を保留するためには、速やかに提示されたデータを把握したり、ほかの人がどのような立場から話しているかを理解したりしなければなりません。


データに立ち戻ると、軌道修正しやすくなります。

そして、リフレームすると、気持ちが通じやすくなります。目の前にあるものの向きを変えて、相手の視点から見ることができれば、相手の考えがどこから来ているか理解できるかもしれません。

スクライブとしては、情報を新しい方法で提示すること、たとえば、水平線を直線ではなく弧として描くことによって、異なる意見の人々に同じ出発点に立ってもらうよう促すことができます。彼らは新鮮な描写を目にして、それについて賛成するか反対するか議論し、最終的には考えを前に進めることができるのです。

リフレームすることと、新鮮な目で観ることは、直に関連し合っています。

人は、１つの推測を緩めることで、直ちに解釈と洞察への窓を開くことができるのです。

時間

time

私のスクライビングにおける時間の捉え方は、３種類あります。**「経過を辿る時 (over time)」「切り取った時 (in time)」**そして**「今ここだという時 (right time)」**です。話される内容に適した、異なる時間の表し方があります。また、そのとき場にいる人々や発表者が、明示的であれ暗示的であれ、時間をどのように捉えているかがわかれば、それによって描くものに対する私のスタンスやアプローチも変わってくるように思います。

経過を辿る時におけるスクライビングの場合、私は時系列を考え、過去、現在、未来の順に出来事を描き表していきます。森の中を通り抜ける様子を想像してみてください。小道を歩いていくにつれ、周りの景色が変わっていきます。私はグラフィックにタイムラインを描きこむこともあれば（付録図16参照）、イラストで比喩的なストーリーを描くこともあります。このようなスクライビングは、氷山モデルの行動パターンのレベルで用いるのに適しています。

切り取った時におけるスクライビングでは、ある固定の考え方を表示し、それが中心となる視点を記録します。森の上空から見下ろし

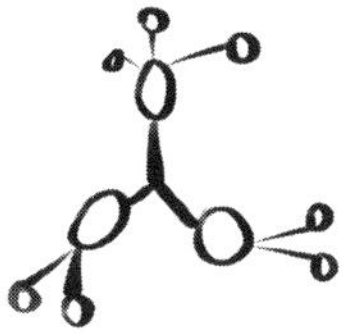
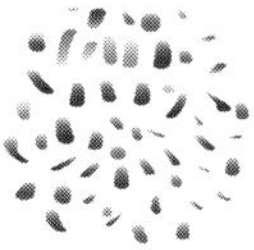

た光景を想像してください。木の梢や小川や池に目が留まりますね。ある視点を概念的に表現するために、私は抽象的な図形やそれらをつなぐ矢印などを描きこんだりします。あるいは、発表者が用いた枠組みをそのまま描写することもあります（付録図14、15参照）。通常、氷山モデルの構造やメンタルモデルのレベルで用いるのに適しています。

今ここだという時は、生成的なスクライビングに用いられる時間の概念です。時間をこのように捉えるのは、森の中で休んでいる状態に似ているかもしれません。そこでは、精神や直観に導かれるまま、動かされるときだけ自然に動きます。この時間は通常ゆっくり流れ、呼吸や心臓の鼓動と連動しています。そういうときは、線や質感を描くかもしれません。形はその瞬間の本質的な感覚によって示されます（付録図17参照）。こうしたスクライビングは、氷山モデルのビジョンのレベルに適していて、場の人々がプレゼンシングや源のレベルで話をしているときに効果的です。

器とフィールドへの意識が、どのアプローチを選択するかの手がかりになります。

人や集団の時間の捉え方を理解することにより、私たちは話の展開をより適切に追い、フレーミングすることができます。

クライアントの目標や期待について事前に情報をもらえると、描くものに対してアプローチしやすくなります。たとえば、発表者が自らの職業上の軌跡を辿るような場合、私は具体的な言葉や絵を使って描きたいと思います。

また、毎年の社内合宿などで、チームワークの向上を考えようとしている人たちの場合は、社内のダイナミクスを見極めたいので、図形や矢印などを使って、うまくいっていることとそうでないことを明らかにします（「第1章 実践モデル」の「ダイアモンド」を参照）。

学習と振り返りをするために集まった人たちの場合は、彼らをより深いリズムに導くのを補助する視覚的な状況を作り出したいので、オープンで印象的なスタイルで描くようにします。

時間をどのように表すかによって、情報の受け取り方をガイドすることができます。

時間の捉え方によって異なるスクライビングの手法は、それぞれ異なる解釈の土台となります。

始まりと終わりがある「経過を辿る時」の描写は、時の変遷と変化を示唆します。この描き方は、見ている人の立ち位置によっては、不安をかきたてるかもしれません。また、参加者が結論を導くのに役立つように、たんに情報を事実として描写することもできます。

「切り取った時」に固定された描写は、何かを実現しようとするとき、自分たちがどのように考え、どのような計画を立てているかを人々に突き付ける効果があります。グラフィックはその瞬間のダイナミクスを写した写真のような役割を果たすので、参加者はそれを見てフレーミングや、リフレーミングしやすくなります。チームが行き詰まっているときは、メンバーたちがお互いにつながっていない様子を描写することで、何がうまくいっていないのかを見極めてもらうことができます。

「今ここだという時」を扱うことは、会場内の信頼をより強くするための良い手段です。この場合の描写は、目標を設定せず、考えることを強要しないため、参加者が何かを成しとげなければならないというプレッシャーから解放されるからです。ゆとりが生じるため、スクライブが社会的な場《ソーシャル・フィールド》を見えやすくすることも、新しい洞察が生まれるための神聖な空白をつくっておくこともできます。できあがったグラフィックの見た目はさほど重要ではなく、大事なのはそこから伝わる雰囲気《トーン》です。

時間に対するこれらのアプローチは、絡み合っている場合もあります。

「経過を辿る時」に内省が加わり、「切り取った時」の中の構造で終わることもあります。たとえば、「経過を辿る時」である変動する市場への適応を望む組織が、従業員のために一連のワークショップを企画した場合。ワークショップにはより深い対話をするための「切り取った時」が含まれます。その結果、新しい組織の構造が生まれるのです。

あるいは、同じ組織がうまく機能しなくなった構造を抱えているとします（「切り取った時」）。その場合は、どのような刷新をはかり、何が必要なのかを考える時間を確保します（「今ここだという時」）。その結果、段階的に新しい人を雇い入れ、訓練していくことにするかもしれません（「経過を辿る時」）。

このような例も考えられます。ある組織がより大規模な企業との合併を控えていて、従業員のほとんどが新しい構造に取り込まれることになる場合（「切り取った時」）、適応と調整は、個人のレベルで行われます。ひとりひとりが新しい計画を立てなければなりません（「経過を辿る時」）。

どの場合においても、スクライブは全部の過程を配置し、その順序のそれぞれのパートを異なる方法で可視化して表すことができます。たとえば、それぞれを別の紙に描き、組み合わせることで1つの大きな流れとして表すのです。付録図18では、左のパネルが「切り取った時」

である現在の思考を示し、中央のパネルは「経過を辿る時」の中で期待される発展を提示し、右のパネルは「今ここだという時」における会話を表しています。

私の印象では、スクライビングを依頼してくるクライアントの多くは、自分たちが時間をどのように捉えているかを意識していません。ということは、システムの状況を描いた描写を提供することは、生成的なスクライブから組織への贈り物のようなものになるかもしれません。組織のメンバーは、実際その描写から、自分たちの景色、自分たちの森とどう関わっていくかについての基本的な選択肢を得ることができるのです。

5

知る

知る

すべての作品が傑作でなければだめだとは思いません。
私がすることとは、私にとって正しいこと――それが私自身であり、
これが生きることなのです。
作品は私を反映し、私は作品を反映しています。
――ルイーズ・ネヴェルソン

i know

集中する。
明らかにする。
直観する。
決定する。
本質を引き出す（そして、余分なものを排除する）。
前へ進む道を拓くために、必要に応じて雑草を刈る。
真実のために杭を地面に打ちつける。
根付く。

ページに示されるべきは、いずれ、誰かの手によって、どこかに現れる。
今それが見えていないということは、まだ機が熟していないということだ。

あるとき、私は同僚の仕事の代役を引き受けました。クライアントとは馴染みがなく、質的な面で関係性がまったく構築できていませんでした。私はその仕事を通じて自己変革ともいえる経験をしました。その場では激しい怒りを感じましたが、そこでプロとしてある決意をするに至ったことが、それ以来ずっと、私の支えになっています。

怒りの感情は、「戦士」の元型のエネルギーへの入口であり、私たちが明晰に見極める力を持てるよう、導いてくれます。

会場はホテルの舞踏室で、大手コンサルティング会社の上級管理職の地位にある、スーツ姿の中年男性が大勢集まっていました。私の受けた指示は、「見た目が格好いいようにまとめてくだされば、いいです。ぜひ〝セクシー〟な感じで、よろしく」とのこと。私はその時点ですでに、やりづらいスタートを切ったなと思っていました。

私が嫌悪感を覚え、怒りさえ感じた背景にはいくつかの要因があ

怒り

anger

りました。まず、プログラムの趣旨、内容、聴衆の顔ぶれや、グラフィックの使用目的について、クライアントと事前に直接話をしていませんでした。そのため、グラフィックは当日限りのもので、会場の外に出されることはなく、展示品として視覚的に見ごたえのあるものを期待されているのだろうと私は推測しました（「推論のはしご」の上のほうです）。

それでも引き受けてしまった以上、やることはやりましたが、そのセッションのテーマや発言内容はまったく覚えていません。ただ、ある不幸な瞬間だけが記憶に残っています。

これは２００5年、スマートフォンやソーシャルメディアより前の時代の話です。参加者たちはコンピューターを使った複雑なシミュレーションを行っていました。技術スタッフが各テーブルにコンピューターを設置する間、参加者たちは休憩をとって、いったん会場の外に出ました。しかし、彼らが戻ってきても技術面の準備が整っておらず、会場はざわつきました。

企画担当者たちは、場を持たすために、おもちゃのアメリカン・フットボールを配り始めました。柔軟な発泡ゴム素材でできていましたが、それほど柔らかくはないボールです。すると参加者たちはほとんど本能の赴くままに2チームに分かれ、ボールを投げ合いはじめたのです。１００人を超える男たちが思い思いに投げ合うおもちゃのボールが、会場を飛び交う事態となりました。何とも子どもっぽく、信じられないような光景でした。

そんな中、私は持ち場のイーゼルの前に立っていました。トレーには30色以上のマーカーが色ごとにきちんと並べてあるので、ひっくり返されないように神経をとがらせていたのです。そのとき、ボールが飛んできて、私の頭の後ろにボンと当たりました。誰かがわざと当てたわけではありませんが、それにしても……あまりに見事に直撃したので、少々クラッとしたのは確かです。私は文字どおり、頭にきました（が、そのとき脳裏をよぎった罵詈雑言をそのまま書くことは差し控えますね）。

一瞬にして、私の中で怒りが白い炎のようになって、内臓から心臓へ向けて燃え広がりました。自分などどいてもいなくても同じ、役立たずで、仕事も努力もどうでもいい、と感じました。身も心も怒りに包まれていたのです。そこから抜け出すための唯一の方法は？決意するしかありません。

私はナプキンを1枚とり、「二度としない」と書きました。怒りが急激に広がったのと同時に、私の中で何か行動しなければという思いが起きたのです。その会場での私の役目は補助的なもので、しかも契約による一時的な義務しか負っていません。そこで、とりあえずその場を乗り切って、より建設的な状態で前進するために気持ちを立て直そう、という直観が働いたようです。

私の決意は、どんどん厚みのあるものになっていきました。同じナプキンに、そのときの怒りにまかせて出てきた要求をすべて書き出してリストを作ったのです。それはそのまま、後の私のすべての仕事に役立つ基本方針となっています。まず、クライアントとは直接話をすること。その組織の文化を事前につかんでおき、自分の価値観と通じるものがある相手としか組まないこと。どんな仕事も、何が目的で何が求められているかを事前に理解してから受けること。現場に赴く前に、会場の環境と配置を知っておくこと。お互いを尊重できる関係でなければ仕事を受けないこと。そして、再び怒りを感じたら、この方針を見直し、改めること。

スクライブは自分の能力を信じなければなりません。また、スクライブと参加者の社会的身体《ソーシャル・ボディ》との間には信頼関係がなければなりません。

話し合いのために人が集まるとき、通常、皆が共通して理解できる事柄と、はっきりしない事柄との間に、しばしば緊張が生じます。「未来は私たちで決める!」とでも言わんばかりの概念が確信とともに現れることもありますし、内容が二転三転して定まらないこともあります。そんなとき、スクライブは忍耐力が試されると同時に、内容の意味を解読するために、発言者の口調、使われる言葉、伝え方などを丹念に追う能力が求められます。

たとえば、イギリスのEU離脱の国民投票後まもなくの3日間のセッションで、スコットランドの政府関係者が、次のような発言をしました(発言どおりに書き起こしています)。

信頼

trust

「なぜこれであり、ほかのものではないのですか？　私たちは、自分たちのやり方を反転するのがどれほど難しいかを過小評価しています。自分のアイデンティティを、鎧を、解体しろと、無防備になれと言われるなら……根付かせることが必要です。私たちは、システム内に高まっている不安に対処する能力を高めることができます。これが唯一、自己と仕事を一つにする方法であり、そうすることで内への旅に出られるのです」

私は、「これ」や「ほかのもの」が何を指しているかよくわかりませんでしたが、発言者が話している間、必死でノートに書き取り、言葉を正確に記録し、重要な流れをつかもうとしていました。すべてがかなり重要であるように思えましたが、自分の耳だけを頼りに、その人の言葉を精査することはしませんでした。

その後ノートを見直し、描きかけの大きなグラフィックに、「私たちは反転することの難しさを過小評価している」と、書き加えました。そのひと言が私の心を強く打ち、会場全体の空気を凝縮しているかのような表現に思えたからです。(付録図31参照)

この場合（ほかの場合でもそうですが）、「宝石」を掘り出すには、発言の全体に注意を向ける必要がありました。しかもその間ずっと、どこかに大事なポイントがあり、そのときが来れば、自分にはそれを見つけられるという信念を強く持ち続けなくてはなりませんでした。「そのとき」とは、私がそのメッセージを受け取る準備ができたとき、すなわちメッセージが受け取られる機が熟したときです。

信頼は、お互いをホールドしあう場がつくる、器の強度の中で作用します。

私がおそらく最も実りある仕事ができるのは、本当に信頼できる関係と環境があるときです。器への信頼と場における信頼は、直に関連し合っているようです。器への信頼があると、私の能力は引き上げられ、ばらばらになっていた部分が適切なところにうまく収まっていくのです。

あるとき、仲のいい同僚から、ミュージカル『ライオン・キング』の20周年記念に関連する仕事をしないかとの話が来ました。私は即座に「私じゃダメよ！　動物の絵や一見して登場人物だとわかる絵を期待されるに違いないから」と思いました。そこで、即答は避けて、失礼のないように断る方法を考えていました。

ところが友人は私のことをよくわかっていて、仕事の仕方や相手の期待を裏切りたくないという私の気持ちも理解したうえで連絡をくれ、どんな仕事なのか、より詳しく教えてくれました。「ちゃんと準備のために1日とってあるって言ったわよね。それに、マンガを描くような仕事じゃないっていうことも」。彼女の頼みは、こうでした。「まさにいつもあなたが企業やほかの集まりのためにやっているようなことよ。その場の精神をつかみ、流れを表現してほしいの」。彼女の言葉そのものからも、行間からも、「信頼」が読み取れるでしょう?

そして実際にプロジェクトの準備のために顔を合わせ、メモを書いた付箋をたくさん床に貼りつけて話し合っているうちに、この仕事のダイナミクスが一瞬にして現れ、その直後に描写も浮かびました。私たちの信頼関係が、完成する作品への信頼に直接つながったのです。

信頼関係を築くには時間がかかります。信頼は筋肉のようなものなのです。ゴムのように伸縮性があるので、ちょっとでも間違うと、パチンと縮んでしまいます。

さて、わからないことばかりで困っていた日に考えたことをご紹介しましょう。それは、より賢い自分からパニックに陥っている自分へのメッセージでもあり、また今見ると、信頼という筋肉を作るためのコツをメモしたものになっています。

焦りを手放す。 もっと周りを気にかける。スピードを落として、ゆっくり進む。深呼吸する。忍耐力を強める。

源。 これが土台であることを知っておく。源にアクセスし、そこにとどまること。

器になる。見えるものすべて——認識できるものすべてを包み込む。広がる、ホールドする。

スケール。その瞬間を大局的に捉える。この描写は、大海の一滴にすぎない。今日という日は、幾千日のうちのたった1日にすぎない。

感じ取る。壁の前に立ってみたとき、描かれたがっているものは何だろう？　何かを描き始める前に、その形をイメージする。もしイメージが湧かないときは、描かないこと。まずは、より深く聴こう。

理解を深める。知っている範囲でしか表現できない。自分の理解の幅を広げるためには、メンタルモデルの境界線を広げること。

信頼は頭と手を通じて形になりますが、もともとは心の筋肉なのです。

私が自分の中の最も誠実な場所から実践し、ほかの人たちもオーセンティックな場所から活動できるように強く願っていると、心がリラックスしてくるようです。信頼は、そこからつくられます。そして、洞察を得、喜びを感じ、奮闘して突破していくうちに、信頼はどんどん大きくなっていくのです。

バランス

balance

リリ・シューという同僚が、中国に伝わる「受容と願望」と解釈することもできると教えてくれました。「陰と陽」は対立する2つの性質の調和を象徴するものとして知られ、「万物はつながり合い、均衡を保っている」という思想を表しています。

闇は、光がなければ存在しません。死は、生がなければ存在しません。ペンの筆跡は、ボードの面がなければ生まれません。

彼女とのこの短いやり取りの後、私は未知との調和について、受容（陰）と願望の出現（陽）と照らし合わせて考えるようになりました。生成的なスクライビングでは、参加者である観る人たちのために、このバランスを作り出し、描写に表すことができます。また、描写は、思考を刺激します。この思考はさらなる願望を引き起こすのでしょうか。まだ手に入れられない何か、どこかにあるはずの何かに手をのばしたいという思いへ、人を駆り立てるのでしょうか。

私は、さらなる思考を促す状況を作っているだけ、つまり「陽」のエネルギーだけを補強しているのでしょうか。

それとも、思考を緩め、リラックスできる余地が生まれる状況も作っているのでしょうか。

行動と内省のために、私は描写を通じてどのような構造を演出しているのでしょう?

もし私が目にも思考にも空間が広がっている感じを残しておいたら、「内容を十分捉えていない」と思われるでしょうか。それとも、ほっとできる空間、または思考や洞察を生む余地だと感じてもらえるでしょうか。

「陰」。それは、ボードの表面の触れられていない部分。余白。

語られたのに書かれなかった言葉は? プレゼンテーションの項目や箇条書きは逃さずにすべて捉えなくても大丈夫? スクライブが壁の前で立ち止まり、意図的に間《ま》を大事にするのはどんなとき?

「陽」。それは、筆跡をつけることで、活性化されたもの。

もし私がボードを埋め尽くすように描いたら、参加者にとっては既知のことが多すぎることになるでしょうか。まるで夜空に星が多すぎて、その眩さばかりに目が行き、宇宙全体の中でのバランスを忘れてしまうように。

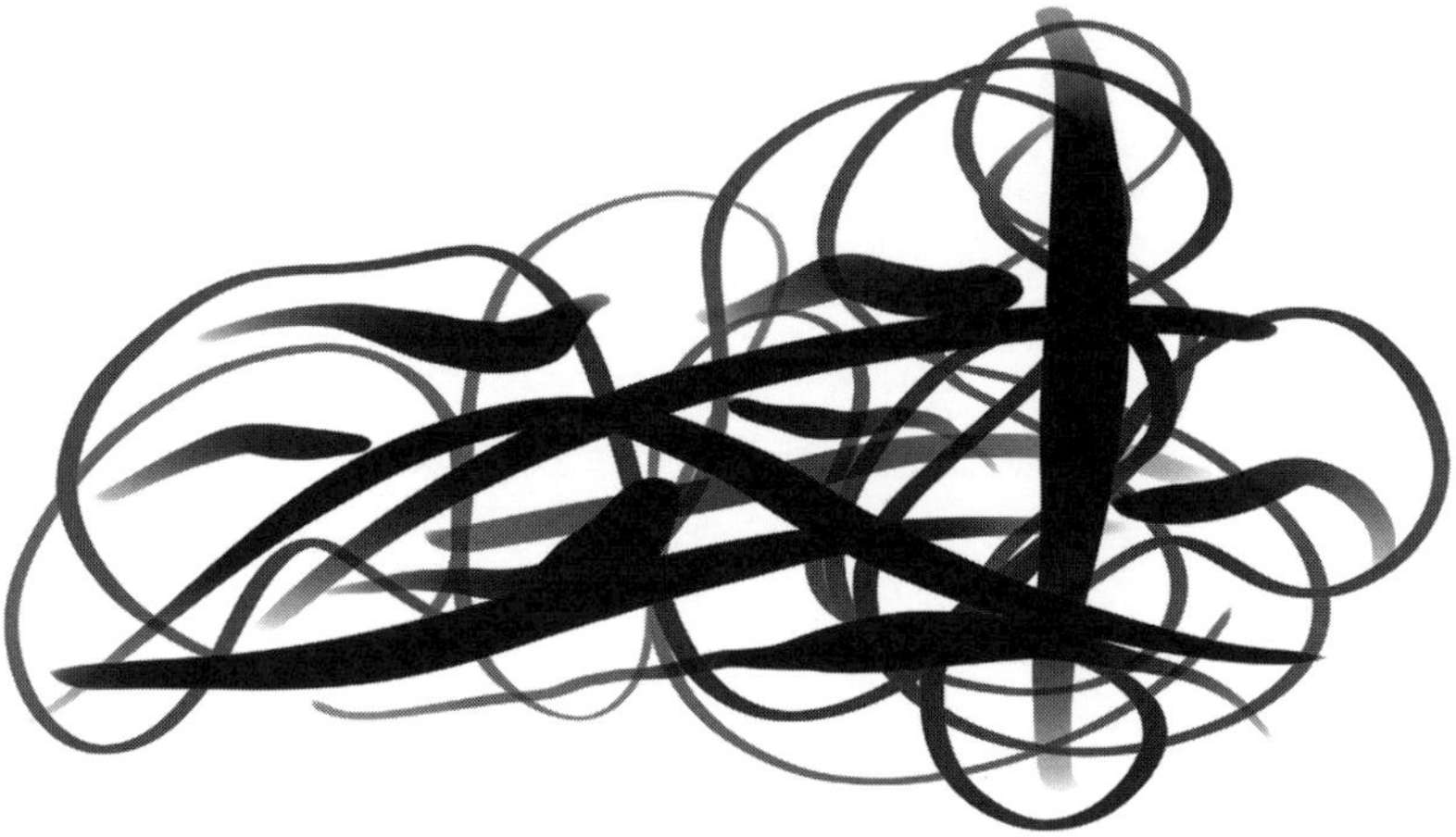

一貫性

coherence

散乱しているもの、分裂しているように見えるものの下には、一貫性のある全体が横たわっています。

切羽詰まったとき——壁の前に立ってスクライビングを始める瞬間や、愛する人との口論の真っ最中——つまり、どうしても理解したいと思うとき、私たちは根底にある秩序に向かって、「これはどういう意味？」と問いかけることができます。

ちょっと森をのぞき込んでみれば、この原則を理解することができます。あるとき、私は一人で静寂の旅を求め、ニューハンプシャー州ハンコック近郊の森に入っていきました。そのとき、辺り一帯に張った樹々の根と豊かに絡み合っていたのは、キノコやコケ、小枝、昆虫、地衣類、落葉、樹皮、そして土。それを目にしたときに感じた畏怖の念を今でもよく覚えています。

その一帯は、森にある個々の個性的な要素のすべてを代表していました。それぞれを個別に観ることもできましたが、それらの相関関係が生んだ配置はそのままでした。どの要素もほかの要素とつながりを持っていて、すべてが調和のうちに共存しており、腐敗と成長が同時に進行していました。

もし私がコケだけを眺めていたら、キノコを見逃したでしょうし、せわしないアリの動きに目を奪われていたら、葉を見落としたに違いありません！　一部分だけの美しさに見とれていたら、複雑な自然の秩序に気づくことはできなかったのです。

私がスクライビングをするときは、まさにこのような質感を、テキストや線や図形の間に呼び起こしたいのです。理想は、完成したグラフィックから、森の中と同じような「共鳴」が感じられることです。

一貫性を説明する別の方法を提唱したのは、物理学者のデヴィッド・ボームでした。

「通常の光線は『非干渉性《インコヒーレント》』と呼ばれている。光線がまちまちな方向に向かい、光の波が互いに一致しないために強度が得られない。だが、レーザー光線は『可干渉性《コヒーレント》』の非常に強力な光線を発する。どれも同一の方向に向かうため、光の波の強度は高くなる。レーザー光線には、通常の光線にとって不可能なこともいろいろと可能である。」[34]

私のスクライビングは、精神的な要素が強く、一貫性を「宇宙の一体性」という世界観と関連づけて捉えています。私が一貫性の原則をスクライビングに適用するときに感じることを、合気道の師範リチャード・ムーンの言葉がうまく説明しています。

「私たちが宇宙の一部であると感じるとき、私たちは、創造の流れの中で今どこにいるかを感じ、自然に地球とのつながりを実感します。努力することなく自然にこのつながりを感じることは、現代人に特有の孤独感を癒します。人生が『つながり』になり、それが展開するにつれて、私たちは宇宙と調和し、力を感じられるようになるのです」[35]

この一貫性の原則をスクライビングに適用する場合、私はおもむろに大きな曲線や形を描くことがあります。誰かが「すべては大きな弧から始まるわけですね」と言ったわけではなくてもです。でも、お互いに絡み合っている森の自然を思い浮かべると、その弧が、言葉のブロック（岩）や色の質感（コケ）など、ほかの要素とうまくはまることが私にはわかります。最後には全体が一つにまとまるとわかるのです。

私はとりとめもなくつぶやく意識を静めて、壁の表面から、中までのぞき込むように見つめ、壁と手短に対話します。「今日、あなたはどんなストーリーを語ってくれるの？　その大きな真っさらな面には、何が現れたがっているの？」もちろん壁は返事をしません。でも、ある意味で応えてくれるともいえます。特定の動きをしたくなる衝動のようなものが、私に降りてくるのです。たとえば、どちらの方向にペンを走らせるとか、どの色を選ぶとか。

34　デヴィッド・ボーム『ダイアローグ――対立から共生へ、議論から対話へ』金井真弓訳、英治出版、２００７年
35　リチャード・ムーン『３回のレッスンで覚えるやさしい合気道（未邦訳）』Aiki Press、１９９６年

そして、そこから描き始めます。

私は、描写の最初の一筆が、後に続くすべての要素と一体を成すだろうと信じて描きます。最初の動きは、一連の意図のある、眼に見えない深い場所から発せられたもので、まるで創造への欲求がこもったレーザー光線のように、私の手を通じて、知的にも美的にも意味を成す形として壁に姿を現します。（付録図18参照）

こうした「信じる」姿勢は、会話にも当てはまります。

もし私が誰かの言葉を額面どおりに受け取ってカッとなり、「イライラする！」とか「私を侮辱している！」などと、わめいてしまったらどうでしょう？「私－相手」の対立が、さらに分断をつくりだしてしまいます。そうではないやり方、つまり、その状況における一貫性を探ることで、共感を強め、進展をはかることができます。私の場合は、次の質問を頭に入れておくことで、通常は（必ずではありません！）気持ちを落ち着かせることができます。「どのような経緯で、なぜ、この瞬間に、このような事態が起きているのだろう？」

相手の言葉やふるまいの背景や視点を知るための第一歩は、その人の立場から考えることです。やり取りの全体像を俯瞰して見ようとすることで、自分の視座を高めることができます。そして、根底にあるものの意味を探究することで、理解の幅を広げられます。

どんなかけらでも、それを見分けるには、まず、より広い視野で、より複雑に絡み合いつながり合った絵を想像し、それを信じましょう。

もし私がそれぞれの要素を孤立させて描いたら、それはまるであちこちで集めてきた石を並べて飾っているようなものです。美しいですが、それぞれの石が置かれていたときのもとの文脈からは切り離されます。

生成的なスクライビングで常日頃行っているのは、それぞれの要素を再度文脈の中に戻す作業です。まさにそのときに、一貫性が役に立ちます。私たちは、自分たちの意思で内容を整理し直し、構造をあてがうことができます。また（もしくは、あてがったうえで）、新しい形を求めて出現しようとしている自然で全体性のある状態を探究することもできます。

一貫性の探究には、多大な信頼を必要とします。

壁に向かって描いているときでも、職場の同僚と話がこじれたときでも、信頼があれば、その描写や同僚との会話は、特定の時間の枠にまさに現れるべくして現れたものだと思えるようになります。それは、より大きな文脈の一部分にすぎず、まだ知られつつある段階にあるというように。

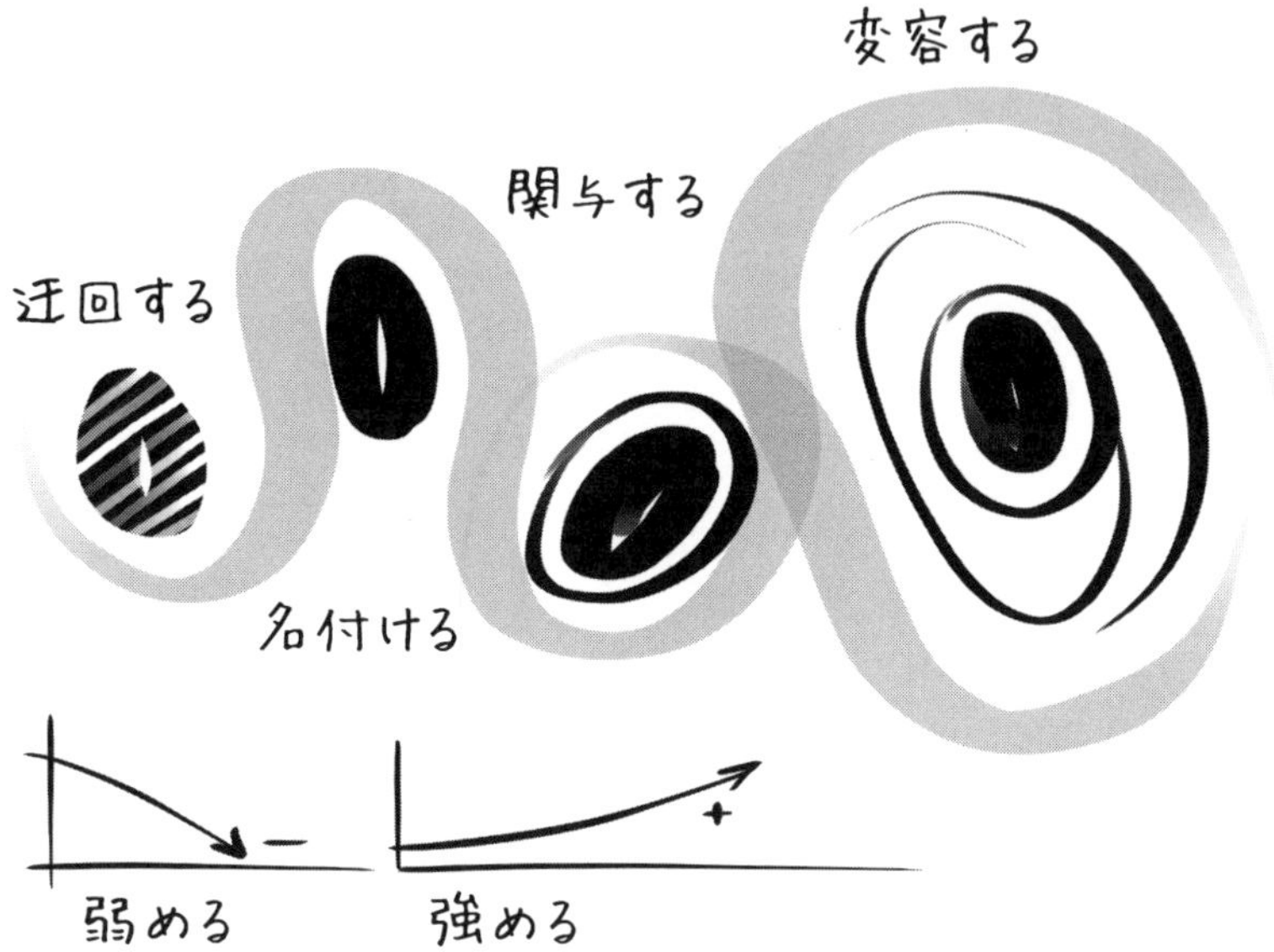

見分ける

discernment

スクライビングをするときは、背後から絶え間なく流れてくる内容をどう処理するか、選ばなければなりません。何を描くかは、ある程度は、自分の聴く力を頼りに主観的な基準で選びます。また、データを整理したり精査したりする能力に基づき客観的に選ぶこともあります。さらに、私たちが源とどうつながるかに基づいて、生成的に選ぶ部分もあります。

膨大な情報を処理し、何をいつ描くかを決定する際に、私が助けられてきた枠組みの一つが、迂回する－名付ける（それがあると認識する）－関与する－変容するというものです。[36] 気をつけていただきたいのは、これらの4つの行為は、必ずしも順番に起こるわけではないということです。一連の流れるようなプロセス、すなわち、プレゼンシングのときと同様、「迎え入れる」ために「手放す」という過程で、すべてが同時に起こるものなのです。私がこの枠組みの4つの構成要素をスクライビングにどのように適用しているかについて、詳しく分解してみました。

36　この枠組みの原型はダイアナ・マクレーン・スミスが『分裂か支配か――素晴らしいチームが対立を力に変える方法(未邦訳)』(Portfolio / Penguin Group、2008年)の「正しい対策を選べ」で提唱したものです。その後、ウィリアム・アイザックスによりダイアログ・リーダーシップに適用されています。

生成的なスクライビングにおいて、「迂回する」とは、あえて描かないということです。

プレゼンテーションやその内容の全体の流れを追っていくための一つの方法は、聴いたらすぐに書き留めたくなる気持ちを抑えて、その内容がその後できあがっていく描写の全体の中でどのような位置を占めるかがはっきりするまで待つということです。

発言者の口から発せられたことをすべて描写にのせる必要はありません。このあとの「選択」の節で詳しく述べますが、ここは私たちが少し肩の力を抜いてもいいところです。話の全部ではなく、いくつかの部分を理解すれば十分だということを認めれば、楽になります。

私たちは、自分たちにとって論理的・直観的に意味を成す部分に集中して、それ以外は潔く放棄します。また、その社会的身体《ソーシャル・ボディ》が観るために実際に必要なものが何かを見極めるため、探究を深め、器に注意を向けます。

「名付ける」とは、その情報を描写に取り込む選択をすることです。

興味を引く内容が出てきたら、私たちはそれを覚えておくか、付箋やパネルの脇にメモをとっておきます。それを描く場合は、発言者の用いた言語や意見の趣旨を正確に表示するために、特定の言葉やイメージを使って、字義どおりに表します。

ときには、単純にリストを作るだけで「名付ける」ことになる場合もあります。場の人々にとっては、話の流れを見失わないために重要なポイントを確認できるだけで十分で、その段階でさらに深く意味づけすることは適切ではないこともあるのです。

器への感度は重要です。その瞬間、人々が今どこにいて、どこへ向かっていて、どのぐらい観ることを望んでいるのか、あるいはどこまで観ることに耐えられるのかを知ることが役に立つのです。

「名付け」ているとき、私は内容のくり返し、補強、区別などを聞き逃さないように気をつけます。「何が同じで、何が際だっている？」と問い、気づいたことを自分の中で確認します。

「関与する」とは、パターンを明らかにし、探究を深め、器を広げることです。

同じポイントが何度もくり返されるとき、私はそれを必ず描き入れるようにしています。発言者やシステムや社会的な場《ソーシャル・フィールド》の視点に立って話を聴くことによって、はっきりしない言葉の流れに気づき、その人または集団が伝えようとしていることの本質を明らかにすることをめざします。(付録図19参照)

氷山モデルで、表現ややり取りを方向づけている何らかの構造を見極めようとします。

発言している人の固定観念に影響を与えているものが何なのかを明らかにしたいのです。発言者たちは、その言葉で、何に働きかけようとしているのでしょう?

たとえば、お互いに口論を始めて、今にも崩壊しそうな集団の場合、軽率に反対意見を列挙したリストを見せたら、一気に限界を超えてしまうかもしれません。逆に、別の考え方をするための突破口として、彼らはまさに反対意見を必要としているのかもしれません。危機にさらされているものは何か、言われていないことは何か、表現されることを求めているものは何か、探ってみましょう。

「関与する」ことは純粋に「名付ける」よりも高度な技術を要することであると述べておきます。内容をそのまま映し出すグラフィック・レコーディングは、「名付ける」作業ですが、実践者が対話の過程に参加することを求められるグラフィック・ファシリテーションは、「関与する」作業です。関与するということは、描写に含まれるいくつかのテーマをつないでいくと同時に、それらのテーマと場にいる参加者たちをつないでいくということでもあります。

「変容する」とは、個人、集団、もしくはシステムのダイナミクスの転換を後押しするような選択や動きをすることです。

私たちは部屋の端にいながら、描いている描写を通じて、進行中の対話を混乱させることも落ち着かせることもできます。だから、変容は慎重に！

言葉と言葉の間の「間《ま》」をしっかり聴き、そこから見られたがっているものを見逃さないようにしましょう。より深い意味が現れることを信じて、それを描写に取り込む心構えをしておきましょう。何も出てこないということは、まだ出てくる時期ではないということです。

一連の発言や声の流れだけでなく、会場に入ってくるほかの音にも気づくようにしましょう。あるとき、開いている窓の外で、ホシムクドリの小さい群れがバタバタと飛びまわっていました。私は壁の端から端まで使って描いていましたが、鳥たちはそのすぐそばまで来ていたのです。初めのうちは、鳥たちの動きやさえずりがうるさくて気になりました。私は頭の中で、鳥の存在を「名付け」ましたが、「迂回」してそのまま描き続けることを選びました。

ただ、私はその鳥たちの何とも無秩序に見える飛行パターンを見たことがなかったので、興味をそそられ、いつしか鳥たちに気をとられていました。そこで、鳥の動きを「関与させる」ことにしたのです。「私は自分で食べていきたい」という誰かの発言の周りに、鳥の絵を描いていきました。それが、会場の進行の過程を通じて、「自己実現」を象徴することになったのです。この鳥の絵が、その場を「変容する」きっかけになりました。

生成的なスクライブとして、私たちは特定の内容に関する認識のアンテナを上げたり、下げたりすること、つまり音量を上げたり下げたりすることでも、場に影響を与えることができます。

あるアイデアがすでに何度も表明されている場合は、それをくり返し書くことによって強調することができます(強める)。あるいは、全体の内容の中でのそのアイデアの重みを調整するために、いくつかのキーワードだけを書くこともできます(弱める)。

その集団のニーズに応じて、より総合的なアプローチをすることもできます。内容の大部分を取り込んでクラスターごとに整理したり、丁寧にフレーミングしてつながりを作ったり、複雑なものをより単純化してみたり。その結果、ボード一面、あるいは1枚の紙の表面には、かなり統合されたイメージができあがります。

さらに、解体型のアプローチも可能です。つまり、1つのコンセプトをあえていくつもの部分に分解していくことにより、もつれた状態に見えるものをほぐしやすくするのです。できあがるイメージは、総合的アプローチの場合と正反対になります。なぜなら、このアプローチの目的は、アイデアを引き出すこと、それにより会話の範囲を広げ新しい考え方を促すことだからです。

バランスをとること、補強することのいずれのアプローチも「迂回する」「名付ける」「関与する」「変容する」のどの段階でも織り交ぜることができます。

聞こえてくる内容や、場から求められていることを理解するとき、私たちはどのように対応するかを積極的に選ぶことができるのです。

私は、「知る」の領域では、論理的な思考によるのと同じぐらい、内面やときには魂からとさえいえる感覚から情報を得ていると考えています。

内容は宙を浮いていて、私の存在がそこから出たり入ったりします。そして、何かが私の心に着地したとき、または頭の中で何かが大きく鳴り響いたとき、私の身体がそのシグナルを無視して放っておけないと感じたら、そのとき初めて私は描きます。

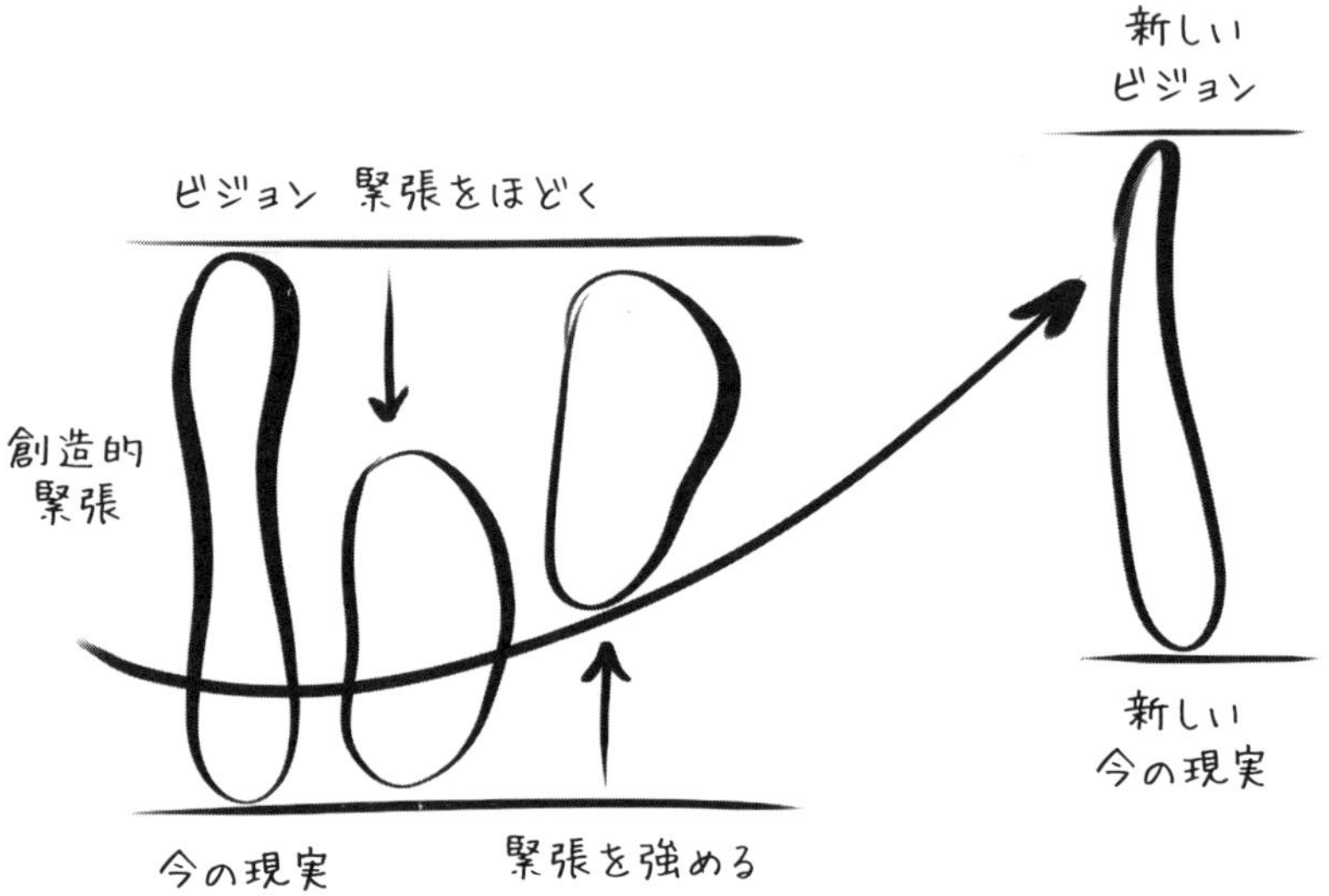
新しい
ビジョン
ビジョン　緊張をほどく
創造的
緊張
新しい
今の現実
今の現実
緊張を強める

選択

choice

人生においてもファシリテーションにおいても、創造的緊張とうまく付き合える力があるかどうかで、成長するか崩壊するかが決まることがあります。

上にビジョン、下に現実が位置し、その間に創造性が存在する。これはロバート・フリッツが開発した「創造的緊張（クリエイティブ・テンション）」モデルで、ある活動がどのように停滞もしくは伸びることができるかを示しています。[37] フリッツの言葉によると、「緊張は解消を求める」のだそうです。私たちが空腹であれば、食べるように。

スクライビングをする中で、私たちはどのぐらいの緊張を保持したいかを決定します。

スクライビングをする環境の構造を自分で決定できることがあります。たとえば、会場のどの場所に陣取るか、あるいは誰と組むかを選べる場合があるのです。逆に、構造上の要素を指定される場合もあります。たとえば、グラフィックの中で会社のロゴと同じ色を

37　ロバート・フリッツ『創造――創造的プロセスへのガイド（未邦訳）』Fawcett Columbine、1991年

使用するように求められたり、特定の描き方を指示されたりすることもあるのです。

構造を決めるにあたって、私が自分に対する期待値を上げて、希望する未来へ移行するための挑戦をするのは、どんなときでしょう？　また、プレッシャーを緩めるため、限界を受け入れるのは、どんなときでしょう？　その答えは、私の創造的緊張の正体がどのようなものか、すなわち私の頭（恐れているのか、興奮しているのか）、心（一塊の悲しみがあるのか、喜びがあるのか）、そして体（胃が縮こまっているか、やりたくてうずうずしているか）の中で何が起きているかによって変わります。

強い願いと今の現実との間に大きな隔たりがある場合は、緊張が強いということです。これに気づいたら、私は次のような確認をします。「私はどこまで耐えられるだろう？　私の器とこの集団の器は、より高いエネルギーをホールドすることができるだろうか？　ほかの人たちはどのぐらい快適に過ごしているだろうか？　ストレスだと感じているのか？　このシステムは、自分たちの境界線を広げることができるだろうか？」

スクライブは、緊張を和らげるため、あるいは強めるために描き、それにより話し合いにおける変化のペースを、ゆっくりとさせたり速めたりします。

ときに、集団がとげとげして不安定に見えることがあります。その場合、私はおそらく、可能な限り緊張を小さくするため、全体をホールドし、根底の秩序にふれる手助けをしようとするでしょう。細かい部分がお互いにどうつながり合って意味を成しているのかを理解するため、よりデータに基づいて描くでしょう。私はその社会的身体が静けさと安らぎを求めている生命体であると想像し、いつもよりゆっくり気をつけて描きます。自分のスタンスを柔らかくし、より深く聴き、消化するのに時間がかかるものには寄り添います。

またときには、その集団が動きを起こすための機が熟しているように見えることがあります。その場合は、よりスピード感と確信をもって描くようにします。私自身も「可能性は手の届くところにある」という立ち居振る舞いになります。そして私の描くものは、まるで集団が推進力と勇気を得るための方向性を刻むように、パリッとした安定感があるものになります。

時間が経過するにつれ、集団が変化の意思を示すようになったら、彼らがビジョンのレベルを上げ、更新された今の現実に気づくのを助けることができます。集団がどこから来てどこをめざしているかにリズムを合わせることにより、私たちはその道筋を可視化します。そして、選択のための状況を整えることができるのです。

6
描く

大事なのはあなたにとっての未知を知ろうとすることです——そして、常に未知は自分の一歩先になければなりません——未知をつかまえる——より単純で明快なあなたの人生観を結晶化する——するとそれは、先のほうでぼんやり感じられるものと比べると、つまらないものにしか見えなくなる——未知をつかもうと、いつも努力し続けなければなりません……

——ジョージア・オキーフ

描く draw

描くとは実践することであり、明らかにすることです。私たちが実際に事を起こすのがこの領域です。自分たちの内面の世界で培ったものすべてを糧にして、事を成すのです。私たちは描くことにより、自分たちのためにもほかの人のためにも、物事を可視化します。ここが氷山の頂点、見られる部分です。

私たちは、当然、手を使って描きます。それと同時に、私たちは、どのように融合してきたか、どのように捉え、そしてどのようにして知るに至ったかなど、私たちの「核にある在り方」という内面の動きを通じて描きます。

そこで見られるもの、自分やほかの人によって形をもって目撃されるものは、私たちの内側から外側にいたるまでの領域の情報が完全に処理されたものを、純粋に表現した結果です。私たちは、その瞬間を可視化しますが、何をどのように反映するかは、私たちが目にする一連の複雑な事象をどこまで器にホールドできるかにかかっています。

描くという作業は、統合すること、また編成することであり、氷山の水面下の全領域（行動パターン、構造、メンタルモデル、ビジョン）におけるインプットを一つに織りなしていく作業です。

そして、描写を通じて、物事の現状のみならず、将来の可能性を明らかにすることもできます。つまり、私たちには描写を通して、何が可能であるかを表し、それを今の瞬間へと導く力があり、それゆえ大きな責任も負っているのです。

スクライビングは、ある意味で、助産師の仕事と通じる面があります。まだ生まれていないものの誕生を助け、新しい現実に命を与えるのですから。

喜び

joy

私は喜びを通じて、創造への扉を開きます。喜びの大きさや形に限りはありません。私は、ほんのひと粒ほどの小さな喜びでも、解放され、動けるようになります。

喜びは、たとえば「ああ、わかってもらえた……」と思ったときに感じること。「伝わった！　理解してくれた！　彼らが観る手助けができた！」と感じたとき。

喜びは、観客の中から小さな子どもが壁に近づいてきて、グラフィックの一部を指さしながら、口をあんぐり開けて驚いてくれること。

喜びは、仕上げたイメージを父に送ったときに、父が私の仕事を完全には理解していなくても、「娘がこんなのを描いている」と誇らしさのあまり涙すること（「こんなの」がどんなのであっても、そんなことはどうでもいいのです）。

喜びは、愛する人たちに支えてもらうこと。

喜びは、朝目覚めて、新しい一日の始まりに心躍ること。

喜びは、きれいな色の小さい葉を見つけ、マーカーのインクを混ぜてその色を作ってみたら、描写面にその葉っぱが蘇ったのを見ること。（付録図20、21参照）

喜びは、その葉の色を細部までよく知っていること。その色を作るために、なぜ私がこれらの色を混ぜたのか誰ひとりわからなかったとしても、ある葉っぱの色をわざわざ再現したことに誰ひとり気づかなかったとしても。

喜びは、「ああ、なんて美しい色！　一生この色で描き続けたい！」と思える瞬間。

喜びは、「ゾウはゾウに見えなくてもいい」と潔く諦めて、ぶらぶらゆれるゾウの鼻らしき曲線を描く努力をしながら、そのことを単純に楽しむこと。

喜びは、黒板用マーカーを工具で押さえてドリルで穴を開け、中のインクをガラス瓶に移し、そのインクをブラシにつけて、古い石板に色を塗ること。

喜びは、会場に入っていったとき、円く並べた椅子が40脚、空っぽで参加者の到着を待っているのを見ること。

喜びは、疲れであることさえあります。寝不足で、腕は痛いし、頭は飽和状態。それでも、何か自分より大きなものが転換する過程にわずかながら貢献したと思うことです。

喜びは、個人的なもので、誰も気づかないようなちょっとした場所で見つかります。たとえば、歩道の割れ目、放置された庭、せわしなく行き来するアリたち、潮が満ちてきて砂浜を覆い、きらきら光る小石を残しては引いていく様子。

喜びは、人が心を動かされ、新しい在り方に目覚めていくのを目撃すること。人が成長することの美しさ、ただただ美しい、絶対的に美しい人間性そのものなのです。

思い描く

envisioning

思い描くことは、一貫性と密接に連携しています。思い描くとはつまり、物事の根底に存在する秩序に触れ、その要素を表に出すための、一つの方法だからです。

私はセッションの前になると、緊張して不安に陥ることがしばしば（ほとんど毎回）あります。「私が描くものは、クライアントに満足してもらえるだろうか？　スクライビングとして、十分な品質といえるだろうか？　描写は役に立つだろうか？　そもそも見てくれる人がいるだろうか？」と。

そんなときに気持ちを静める方法として、私は何年も前に、ほとんど迷信のようなおまじないを考え出しました。私はそれを「おばあちゃんの靴を履いて歩くおまじない」と呼んでいて、今でも使っています。

私の祖母クレア・ニクターンは、どのようなことに対しても大胆不敵に核心に切り込むことができる人でした（そのような態度をイディッシュ語では「chutzpah《フッツパ》」といいます）。貧しい移民の地位から、ブロードウェーのミュージカル・プロデューサーへと上りつめた祖母は、私と弟がまだ小さかったころ、私たちをよく初日の夜の公演に連れていってくれました。前から5列目の通路沿いの予約席に連れていってもらっているあいだ、私たちは祖母の手を握りしめていたものです。

祖母はみんなと顔見知りのようで、劇場内の事情はすべて把握しているように見えました。誰がどこに座っているか、何という役者が出演していて、誰と誰が密かに付き合っているか、音楽はどの作曲家、最終段階でクビになったのは誰それで……などなど。プロデューサーとして、祖母はどうすれば公演を成功に導けるか理解しており、ある種の自信と威厳がみなぎっていました。

このような祖母の特性について、本人と話したことはないので、実際にどれぐらい自信があり、将来の成功を確信していたのかどうかはわかりません。それでも、私は自分の能力を増強し、少しでも良い結果を引き寄せたいと思うときは、祖母の成功を思い描き、その想像上の場に自分を置いてみるのです。

セッションの日の朝、緊張して落ち着かないときは、私はホテルの部屋を出て会場の壁の前に立つまでの間に、祖母の靴（腰痛持ちだった祖母特注の、まるで月面を歩くためにデザインされたような靴）を履いて歩いている自分を想像します。それは、どこに向かって歩いているかはっきりわかっているような、とにかく頑丈な靴でした。

次に私は頭の中で、その日の流れをシミュレーションします。朝食会場に行き、フルーツを食べる（本当はマフィンを食べたくても）。インクが十分入っているペンたちを、テーブルか棚にきちんと並べ、準備が整う。背筋を伸ばして静かに立ち、地球と空とにつながる。意識を研ぎ澄ませ、その瞬間の波長を感じ取り、集中する。内容のそれぞれの部分は、理路整然とつながり合う。完成した描写は、私が聴いて感じ取った内容を正確に反映している。

このような想像をすべて、ペンを手に持つ前にやり終えます。

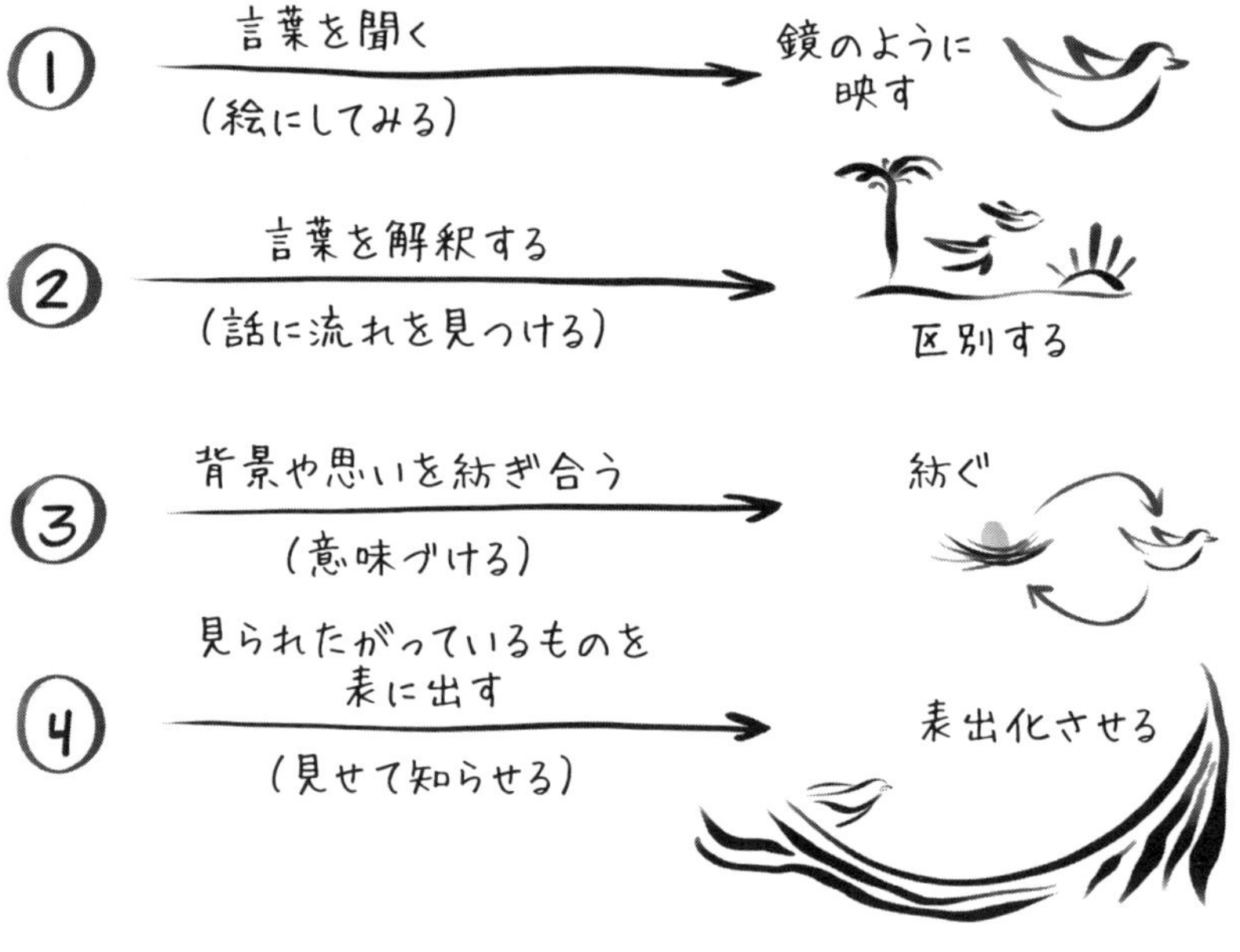

スクライビングの4つのレベル

levels of scribing

スクライビングには、注意のレベルと対応する深さ、段階が存在します。

聞き方の「レベル」を意識することで、認識や可能性の転換に入り込みやすくなります。オットー・シャーマーは、聞き方の4つのレベル、(1)ダウンローディングする聞き方、(2)事実に基づいた聞き方、(3)共感的な聴き方、(4)生成的な聴き方、を提唱しました。[38] 可視化の実践であるスクライビングにおいて、私は聞き方のレベルを次のように適用しています。

スクライビングの第1レベル、鏡のように映す。
言葉を聞いて、絵にしてみる。

私たちがダウンローディング型の聞き方をするのは、自分たちが知っていることを再確認

38 C・オットー・シャーマー『U理論[第二版]』中土井僚、由佐美加子訳、英治出版、2017年

するときです。

この場合、聞いたとおり描写します。誰かが「鳥」と言えば、鳥の絵を描きます。私はこれを「対象物に着目した」スクライビングと呼ぶこともあります。基本的に、名称のある個々の部分に着目する方法だからです。主にデータのレベルで話を追い、言葉をそのまま書きます。空いたスペースに分離されているかのように描写します。

スクライビングの第2レベル、区別する。言葉を解釈して、話に流れを見つける。

聞き方の第2レベル、「事実に着目した聞き方」をするのは、自分たちがすでに知っていると思っていたことをくつがえすような相違点やデータに気づくためです。

スクライビングでは、発言されたことをより広い視点から解釈します。確かに聞いたことを描くのですが、ここではレンズの幅を広げて、発言内容の意味を事実という観点から理解し、それを図などで表現することができます。「鳥が空を飛んでいる。その鳥はやがて岸に辿り着き、群れに加わる」というように。このレベルでは、ストーリーテリングの領域の入口に立ちます。その場面をそのまま描写することもできますし、マインドマップを描いて、データを情報として整理することもできます。

スクライビングの第3レベル、紡ぐ。複数の背景や思いを紡ぎ合い、意味づける。

聞き方の第3レベル、「共感的な聴き方」をするのは、ほかの人の視点から状況を見て、感情的なつながりを持とうとするときです。自分自身の皮膜から抜け出し、一歩下がって視点を増やすことにより、その人あるいはその状況の全体に注意を向けようとします。

このレベルでは、器が働き、私たちの心はつながり、私たちは感じます。気にかけはじめ、純粋に共感することで、スタンスが変わっていきます。すると描写も変わっていきます（変わらないはずがありません！）。私たちの描写は、文字どおり、自分たちの身体の深いところから生まれるからです。頭と手だけを動かして描いているのではなく、胴体のすべてが私たちの創り出す描写に携わっているのです。

私たちは、場で話されているストーリーが、場を越えた何らかの文化的枠組みに基づいていることに気づきます。出てくる事実にはその原因となる基礎があるのです。どんな鳥も、ストーリーも、孤島のように存在することはありません。今空を飛んでいる鳥には、その前に起きたことと、その後に起きることがあるのです。私たちは、（1）1羽の鳥が飛んでいる場面と（2）鳥が岸に辿り着く場面をつなぎ、それらを関連づけることによって、鳥の進路を示すことができます。

すると、「切り取った時」に気づく段階から、「経過を辿る時」の中の動きを感じ取れる段階に移行します。探究を深めていくにつれ、話の内容に入りこみ、より大きなスケールで理解することができるようになるのです。鳥が飛び立つ瞬間と舞い降りる瞬間の間に、何が起きるのか。その間、鳥はどのような行動をとっていたのか。天気や天敵との遭遇など、途中どのような要因に影響されたのか、などを感じ取ります。

スクライビングの第4レベル、表出化させる。見られたがっているものを表に出し、見せて知らせる。

聞き方の第4レベル「生成的な聴き方」を使って、私たちは、手放す力とつながり、出現する未来の可能性を迎え入れる力へとつながります。そして出現するものは、私たちが何者で何者になりたいかを、より完全な形で見せてくれるのです。

スクライビングの第4レベル「生成的なスクライビング」では、私たちが奉仕するシステムのために、最大限の潜在的な可能性を感じ取り、それを明らかにします。そのためには、自明の内容を感じ取る力だけでなく、はっきり見えない内容、ぼんやりした、かすかなもの——発言者の声色に見られるわずかなためらいや、単語と単語の間にある長い沈黙、発言中に割り込む咳払いなど——にも気づく力が必要です。

このレベルのスクライビングでは、私たちは源、そして、社会的な場やエネルギーの場とつながり、場の声に耳を傾けます。そして、あらゆる感覚的かつ直観的なインプットに対して、自分自身を全開にします。それはたとえば、屋根を打つ雨の音、誰かのジュースのコップの周りを飛びまわるハエの羽音、部屋の空気が新鮮かよどんでいるか、発表者やほかの参加者の状態（リラックスしているか、落ち着かないか、とても集中しているか……）、光や影といった、空気中の鼓動のようなものです。

ここでは、鳥の進路の全体においてその鳥をとり囲む空間を探究します。なぜその鳥は、たった1羽で飛んでいるのだろう。自分の群れを探しているのか。群れは次にどこに向かうのか。まとまったまま飛び続けるだろうか。季節はいつ？　鳥の健康状態は？　というように。

これらの4つのレベルをより具体的な場面で適用するには、単純に「鳥」を「ビジネスプラン」に、「飛ぶ」を「経営プロセス」に置き換えればよいのです。さらに、「岸」は「四半期の利益」「群れ」は「戦略的計画」「天敵」は「競争」「天気」は「経済情勢」、そして「使命」は「ビジョン」に置き換えることができます。そのうえで、対話の中のそれらの要素を描く場合、あるいはファシリテーションする場合、どうするのかを想像するのです。

状況のニーズに合わせて、スクライビングのレベルを選びます。

夏のピクニックにはダウンジャケットとスノーブーツで行きませんよね。それと同じように、3名のスピーカーがそれぞれ持ち時間8分ずつで専門分野の紹介をする30分の発表の場で、生成的なスクライビングをしようとは思いません。状況によって、必要とされるスクライビングのアプローチは異なります。そして、どのスクライビングのレベルにも、それぞれ価値があり、ふさわしい場面があるのです。

まず、第1レベルは、個々のプレゼンテーションが短く、複数の参加者が次々と意見を披露していくような会議に適しています。（付録図22参照）

第2レベルは、パネル・ディスカッション、学術的な講義、交渉、戦略企画会議にふさわしく、システム・マッピングにも適しています。（付録図23参照）

第3レベルは相関的で、要素間の相関関係を強調するときに適しています。使いやすいのは、ストーリーテリングやダイアログ、カルチャーマッピングなどの場面です。（付録図24参照）

そして第4レベルのスクライビングでは、付録図25からもわかるように、展開しつつある現実の中から、描かれなければならないものを適切なタイミングで描きます。そこに反映させるのは、絶対的な今この瞬間です。このレベルのスクライビングは、進行中の大規模変革の構想、分野横断的で複数の利害関係者が関与する場面、社会変革の文脈がある場合などに役立ちます。

生成的なスクライビング

generative scribing

生成的なスクライビングとは、未知のものに対して自らを開き、それに命を与える描写のプロセスです。社会的身体《ソーシャル・ボディ》に帰属するものであり、また、その社会的身体による、社会的身体のためのものです。

私は源を起点とする、この生成的なスクライビングの経験を重ねるなかで、肝心なのは心で感じ取ることだと実感するようになりました。

対話の場の周りをぐるぐる回るのでも、上から俯瞰して見るのでもありません。発言者が話し終わらないかと時計を気にすることでもなく、「私」と「彼ら」の距離を保ち落ち着いているというのとも違います。「思いやりのないこと」ではあり得ないのです。

生成的なスクライビングとは、何らかの本質を突く行為です。前面に出てくるものの結果を恐れることなく、はっきりと観ることです。完全な余白のなかに、信頼を寄せていく行為です。それは、その社会的身体（ときには数人、ときには何千人）が、そのときその場所に共に在ることを望んでいなければ――それも正しいタイミングで――絶対的な今この瞬間につながろうとしていなければ、実現しません。（付録図26参照）

それは、希望の糸を探して暗闇に入っていくような行為であり、その糸を引き出して壁に描き、ほかの人にも見てもらえるようにする行為です。

また、描写を見ている人たち全員がその創作過程に積極的に参加していると信じることでもあります。そこに「部外者」はいないのです。ペンを持つ手は、まっすぐな背筋、その胴体から伸びている腕の先から、前へ向かっています。そしてその体は、純粋に全体を代理する存在として、そこに立っているのです。私が描くのは、私たちが存在するからです。私は社会的行為《ソーシャル・アクト》として、描写するのです。

生成的なスクライビングは、社会における転換が引き起こす困難を緩和するために描かれます。私たちは描くことにより、未知を越えて、分断された状態から包含する状態への転換をはかるのです。

私はスクライビングの本当の潜在力についてよく考えてきました。特に原住民族のものをはじめとするシンボリック・アートに照らすと、スクライビングには物理的・精神的な境界線を超える力があるのではないかと思えるのです。

スクライビングされた描写は、過去・現在・未来のすべての次元を、時代を超越して、同時に体現することができるのでしょうか？

既知の世界と未知の世界の間にある「理解する場」を転換するために、私たちは、システム全体の限界や私たち自身の限界をどこまで押し広げることができるのでしょう？　スクライビングは、文字どおりの言葉の意味を超え、その瞬間を超越して、共鳴しあう場を生み出すことができるのでしょうか？

これまで私は、このような場への転換を試みるために、はっきりと現れていない全体性を、統合することで明らかにするアプローチをとってきました。たとえば、複数の内容の糸を編み込んで、1つのグラフィックにまとめてみたり、何枚かのグラフィックのシリーズにしたりしてきました。私は、ストーリーテリングは、直線的な流れの中でデータを共有することだと解釈しているので、これはある意味、ストーリーテリングとは逆のアプローチです。

あるとき、圧倒されるほど大きい3枚の細長い黒い紙と向き合った私は、暗闇や不安の感覚が蘇るのを感じました（付録図27）。

それは、父と弟と一緒にボートで夜の海に出たときの記憶と結びついていました。海図は持っていましたが、見渡しても陸はまったく見えず、ただどす黒い藍色の冷たい波を切るようにして、私たちのボートは何とか前進していました。数時間の間（もしかしたら1時間だけだったのかもしれませんが）、無線が途切れ、嵐が来ようがほかの船が近づこうが、知る由もない状況でした。

しかし何年もの航海歴があった父は、あちこちの海であらゆる天候に遭遇していたため、状況を読んでボートを操縦する能力には常に自信を持っていました。実際その晩も、ある漁船と接触しそうになったこと（それも、航路に迷ってというよりは、私たちの好奇心から近づいたのです）

を除いて、まったく問題は起こりませんでした。

生成的なスクライブは、社会的な「タッキング（tacking）」をすることで、手助けをします。

英語で「tack《タック》」という言葉は、動詞としては「船の先を向かい風に合わせて切るように、針路を変えること」を意味します。また名詞としては「頭の大きな釘、びょう」、あるいは、「しつけ、仮縫い」を意味します。なんとスクライビングには、どの意味もうまく当てはまるのです！企業戦略会議の場面では、スクライビングの描写が方向転換の指針になることがありますし（針路変更の意味）、明確な言語で着地点となるポイントを示すこと（びょうの意味）や、アイデアが形になっていく間、イメージをつなぎ留めておくこともできます（仮縫いの意味）。

私たちの社会が霧のかかった海で波に揺られるとき、スクライブは海図を示して航海を助けることができます。

スクライブは、つながりが見えない分断状態の中で針路を見つけるのを助ける構造を可視化します。それにより、私たちはその時代の課題と将来への希望のバランスをはかるのです。（付録図28参照）

そのためには、感じ取る・理解する・作るという3つの作業を、流動的にし続けることが求められます。私はまず、描き始める前に精神を統一します。心を活性化させるために、観客の中から誰かを見つけ、その人の目をじっと見ます。会場の構造やダイナミクスを質問して確かめます。どの言葉が真珠のように輝いているのかがわかるまで、多くの言葉を吸収します。その後に2次元の平面に落とし込むのです。

私たちは共感するために、そして描くために、聴きます。

私はスクライビングをするときも、この本を書くときも、絶えず今ある状態と今後なりえる状態の間を揺れ動く生命力とともにいます。

そして、ここまで読み進んだ読者の皆さんには、ぜひ生成的なスクライビングに挑戦し、その賜物である変容を実感してもらいたいと切に願います。また、スクライビング以外の技術を実践する方も、ぜひご自身の行為に生成的なアプローチを取り入れてみてください！

私の経験は、一つの出発点にすぎません。これを機会に、私は皆さんと一緒に、スクライビングというアートの意義をより明確にし、その可能性を十分に引き出したいと思うのです。

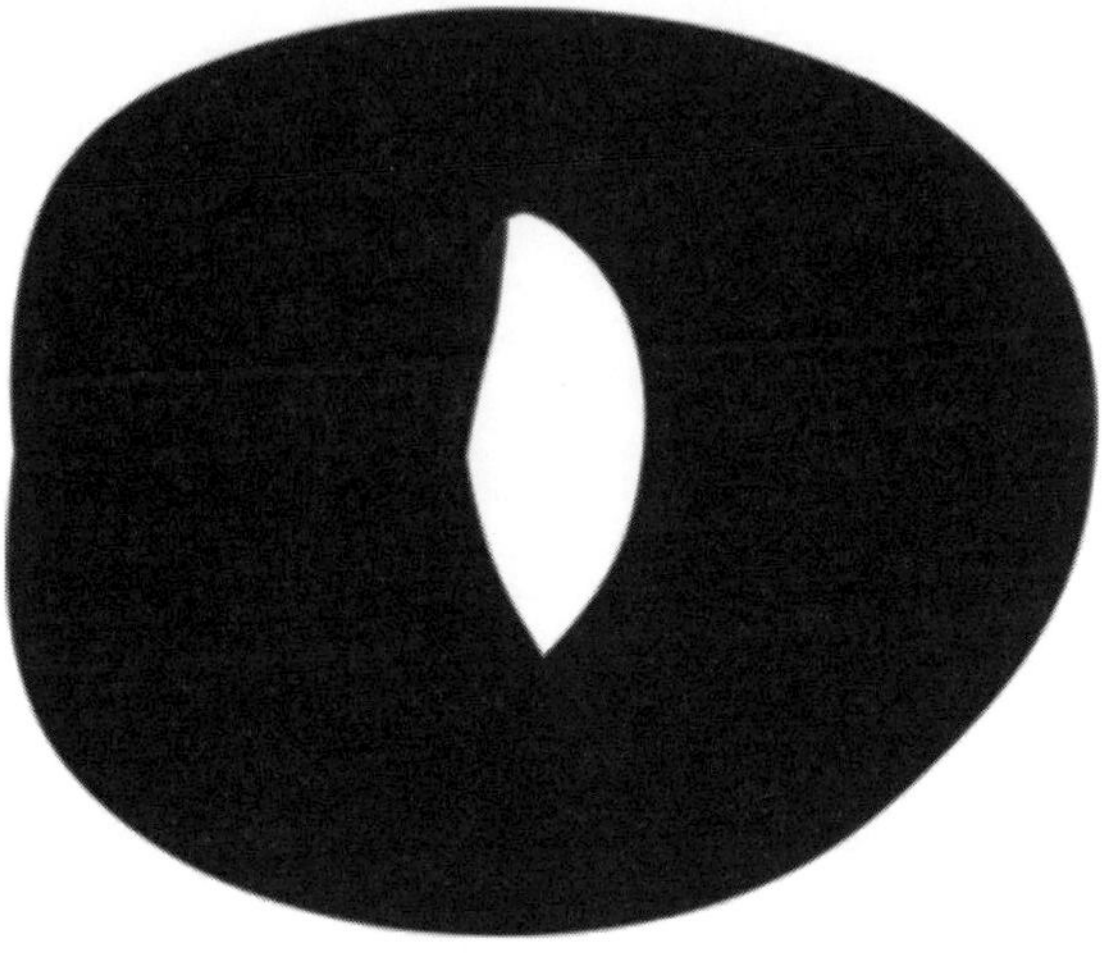

使命

the call

「われわれの時代とは、障壁を乗り越え、古いカテゴリーを抹消し――探索《プローブ》してまわる時代である」

――マーシャル・マクルーハン

（『メディアはマッサージである――影響の目録』門林岳史訳、河出書房新社、2015年より）

スクライビングという実践が、わずか40年前までは存在すらしていなかったことを思えば、現在の状況は驚きと言わざるを得ません。私が初めてスクライビングに携わるようになったのは1995年、まだデジカメが出る前の時代で、アメリカのパソコン通信やインターネットも始まったばかりでした。当時は、ボードに描いたグラフィックをその場にいない人と共有するには、それをわざわざ紙に描き写し、コピーをとって手渡す、または郵送するという、手間のかかるプロセスを経るしか手段がありませんでした。

私はここ数十年間でこの行為がどれほどの変化を遂げてきたかを知っているので、スクライビングに、また生成的なスクライビングには、どんな未来が待ち受けているのか、たとえば40年後、20年後、あるいは5年後でさえ、どうなっているのかわかりません。

直観と社会的な文脈を組み合わせることで、生を受けた生成的なスクライビング。それは、人間の精神を守るための、アートをベースとした一つの答えとなるのでしょうか？

いつか人工知能のほうが私たちより高い洞察力をもって対話をビジュアルで表す能力を持つようになったら、人間の力はどのように生かせばよいのでしょう？　新しい技術の浸透と普及が加速度的に進む中、その勢いに押される私たちスクライブは、現在の手法をどのように変化させ、適応する必要があるのでしょう？

当然、時間と距離を巡る変化は起きるでしょう。今でもすでに、会議中デジタル画面に描くことで、巨大なスクリーンにイメージを映し出すことはできます。また、遠隔地でもタブレットを使えば、ビデオ会議の最中にライブストリーミングで描写を見てもらうことができます。

じきに、離れた場所でも時差を超えて共創することが、より頻繁になると思います。私がある場所で描き、同時に誰かが別の場所で別に描くということが可能になるでしょう。しかも、それらをより高度な水準で統合できるように。

2人が同時に1つのイメージを作成すること、それぞれが描いている異なるイメージを、第3の場所で同時に並べて表示することも、可能になるかもしれません。そうなると、一時一会場に限定される現在のスクライビングからは大きく転換することになり、考慮しなければならない複雑な要素が新たに発生することは間違いないでしょう。

参加者の人数もスクライブの人数も増えたとしたら、どうなるのでしょう。今は、1人のスクライブが大勢のために描くのが普通で、通常1人の人間の手を通じて、描写が作られています。

では、複数の人間が同時に1つの描写を作ることができるようになったら、どうなるでしょう。たとえば、ツイッターで大勢の人が共通の話題にハッシュタグをつけて同時に意見をつぶやくように、100人や1000人が同時に1つの描写に視覚的に参加することができたら？

そうなった場合、グラフィックの美的な一貫性はどうやって保てばよいのでしょう？猛烈な勢いで複数方面からのデータが流れ込むようになったら、それらをどう理解していくのでしょう？

そうしたことがどのように起こるのか、私には見当がつきません。ただ、フィールドがより活性化されるようになり、その結果、増幅されたエネルギーをホールドするために、より大きな器が必要になると予想しています。


生成的なスクライブの使命は、意識の幅を広げ、収容能力を高めることにあるでしょう。

私たちが現在行っているスクライビング——フィールドに由来し、1つの手を通じて、フィールドのために行われる行為——は、そのままの形で残るかもしれませんし、時代と共に進化し、変化していく社会的な場に奉仕していくのかもしれません。私たち人類がより進歩して意識を広げていくにつれて(そうなると私は信じています)、ある種のアートとして芽を出し始めている生成的なスクライビングも発展していくでしょう。

生成的なスクライビングが参加型のアートであるならば、社会的な場に起こる変化に伴って、創られるものの性質も変わっていくでしょう。

あらゆる場所のあらゆる年齢の人々の協力が必要です。スクライビングという行為を日常に広げ、異なるタイプのアートと融合させるために。企業や組織といった環境にとどまらず、お金と関係なく創造性が花開く場でもスクライビングが用いられるように。ビジュアルでのコミュニケーションが、文章を書いたり友人と話したりするのと同じぐらい当たり前になるほど、スクライビングを育てていくために。

生成的なスクライビングは目で見る媒体ですから、その作成者として、または作成を必要とする社会的な構造の一部として、それを経験する人が多ければ多いほど、私たちの実践方法には新しい発見や改善の余地が生まれ、それを求める声も強くなっていくでしょう。

私たちが観る力を強め、時代の複雑さに対応し、自分たちともこの地球とも、よりよく調和しながら共存する道を見つけることを切望しつつ、願います。このユニークなアートとその実践の真の可能性を広げ、私たち人類が内面を見つめることに奉仕できますように。

謝辞

まずは、弟マシュー・バードに感謝の気持ちと揺らぐことのない愛をささげたいと思います。なんと、マシューは、第7稿に452個ものコメントをくれたのです。先を急ぐのではなく辛抱強く編集することで可能性を見出すというのが、私たちの共有するスタンスでした。最近日食があった日に、マシューと一緒にウォールデンポンドにピクニックに行ったときのこと。しばらくして、湖で泳ごうということになりました。私は思い切って水に入り、向こう岸までの半分近くに来たところで、怖気づいて振り向きました。すると、マシューが見守ってくれているのが見えたのです。私は勇気を振り絞って泳ぎ続けることにしました。そして反対側まで泳ぎ切り、「やった！」とばかりに両手を上げました。遠くで弟も手を挙げているのがかすかに見えました。点が1つでは、ただの点です。2つあれば、線になります。

また、母ジュディス・ニクターンに感謝したいと思います。母はかつて、ショッピングモールの高さ15メートルほどもある壁に絵画を描くという、危ない仕事に挑んだことがあります。リスクを恐れず、勇気をもって挑戦するという姿勢については、母は何度もお手本を示してくれました。それから、父ハリー・バードにも感謝します。父は森で集めてきたキノコに楊枝で複雑な模様を彫っては、私の心に好奇心を芽生えさせ、思いもよらない方法や場所に喜びを見出すことを教えてくれました。両親とも、幼少のころから、私の創造力の原点となる種をまいてくれました。

私が同僚と共同で開催したワークショップに参加してくださった皆さん、ありがとうございます。そしてこの本の材料を共に開発してくれた同僚たち、アロン・ウィリアムソン、アリシア・ブラムレット、アルフレード・カルロ、アンジェラ・バルディーニ、ブライアン・コフマン、クリストファー・フラー、ダン・ニューマン、ジェイス・ペイ・ユー・リー、ジュリー・アーツ、リリ・シュー、ルチア・ファビアーニ、マルガ・ビラー、マイク・フライシュ、ニコ・グロス、ピーター・デュランド、リプリー・リン、ロバート・ハニッグ、シータ・マグナソン、スヴェニヤ・リューガー、そのほかの皆さんも、有意義な対話の時間と、励ましの言葉に心からお礼申し上げます。

執筆に入ってからの重要な段階で、アドバイスをいただき、支えてくださった方々、エイミー・オービン、ブライアン・ジョーンズ、ジェーン・ルイス、ナディア・コルバーン、ロバート・スミス、そしてタマー・ハレルに深く御礼申し上げます。また、底なしの辛抱強さと空間と、信じられないほどの安定感を与えてくれたＪＪＰ、ありがとうございました。

ジャネット・マウリーは、完璧な編集と全体のチューニングをしてくださいました。最終段階における彼女の指導は、なくてはならないものでした。心よりお礼申し上げます。タイス・エール・フェリクスには、この本を美しいカバーとページデザインに仕上げていただきました。

コンセンサス、MG・テイラー・コーポレーション、ASE、ダイアロゴス、バリュー・ウェブ、デピクト、そしてプレゼンシング・インスティチュートの古くからの友人、さらにUラボの比較的新しい友人にも感謝しています。これまでずいぶん冒険を共にしてきましたね。そして、これからも冒険は続くでしょう。

描写するときにフレーム全体を意識することを教えてくれたエレノア・マイカスに、そして私を内面の全体性に目覚めさせてくれたバーバラ・セシル、ベス・ジャンダーノア、ドリアン・バローニ、グレニファー・ギレスピー、そしてペリ・チカリングにお礼申し上げます。

自制の力を教えてくれたピーター・センゲには、長年にわたり、私の——そしてスクライビングという職の——発展にお力をいただいています。私の同僚と共に、お礼申し上げます！

執筆の長い過程の中、浮き沈みする私を常に支えてくれたのは、カトリン・カウファーの熱心な応援と純粋な思いやりでした。カトリンの助力のおかげで、この本への個人的な思い入れは一層強くなりましたし、彼女がパートナーとして力を貸してくれたからこそ、この出版が実現したと言っても過言ではないでしょう。

そしてオットー・シャーマーは、きわめて初期の段階から、畑の土を知り尽くした農夫のような先見の明と、星の位置を知り尽くしている宇宙飛行士のような才能をもって、生成的なスクライビングの持つ潜在的な可能性を支持してくれました。すべての創造的な行為は、その先見の明と才能のもとで根付き、広がっています。私とオットーのこれまでの協働がそうであったように、創造的な行為は今後も続いていくことでしょう。

最後になりましたが、このささやかな1冊を手にとってくださった読者の皆さんへ。私と共にしばしの時間を過ごすことに興味を持ってくださったことに感謝し、心いっぱいの笑顔で歓迎させてください。

付録

図1　スクライビング
メキシコ、ヌエボ・バジャルタで開催された世界経済フォーラムのセッション。スクライブと発表者と出席者との間にできる空間。7 × 40 フィート（約 2.1 × 12.2 m）の特注の壁にパーマネントインキ。（写真：アルフレード・カルロ）

oung Global Leaders
Nuevo Vallart
IMPACTS on the HUMAN CONDITION
PAIN POINTS
WE ALL HAVE PEOPLE WHO ARE COUNTING ON US
CLUSTER to LEAD and CREATE PLATFORMS
TURN the PARADIGM ON IT'S HEAD
AS and IN COMMUNITY, WE SHARE and HOLD OUR PAINPOINTS
THINK SYSTEMICALLY and LOOK WITHIN
EDUCATION
ONE SIZE FITS ALL
(WHAT) PRODUCT
DELIVERY (HOW)
EDU a REFLECTION of UNIQUE SOCIETIES
GOVERNANCE
CO-DESIGN
FINANCIAL SERVICES
TRUST and TRANSPARENCY
ATTITUDE
ABILITY to ALLY
UNCONDITIONALY CONSTRUCTIVE
RESOURCEFULNESS
HOW to ADDRESS INCLUSION?
WE HAVE HUGE DIFFERENCES
CAN BE HARD to TALK ABOUT WHAT'S in COMMON
BRING BACK
GO OUT of COMFORT ZONE
QUALITY
EDUCATION
TALENT POOL

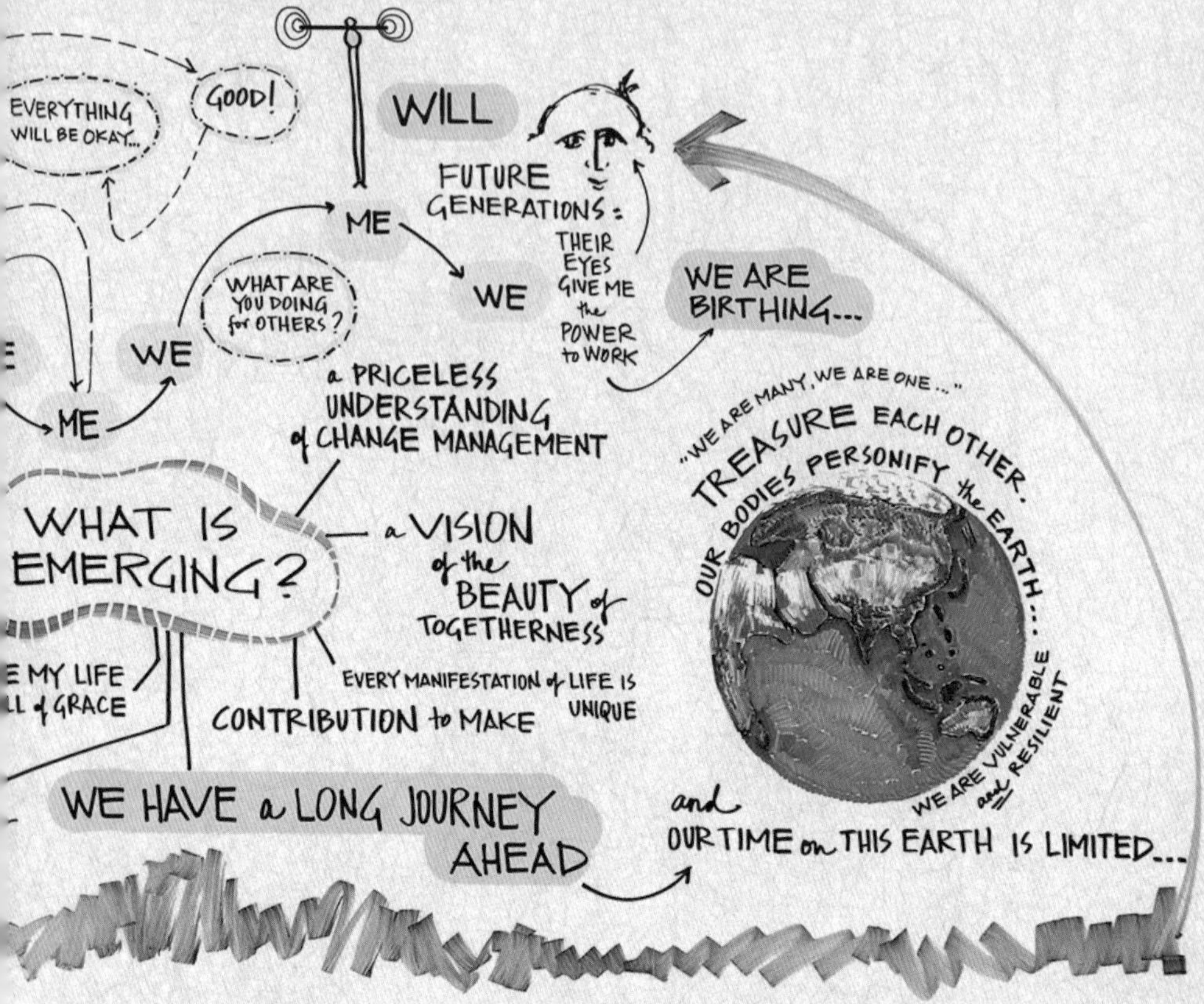

図2　統合
1年間のリーダーシップ・プログラムの終わりに行われた2時間の対話を記録したもの。システム・ダイナミクスの適用と会場からの発言のバランスを取った結果が表れている。
米マサチューセッツ州、ケンブリッジ。
ホワイトボードにホワイトボード用マーカー、4×12フィート（約1.2×3.7 m）、2014年。

図3　統合
複数の参加者の声を通じて、会場に流れが起きる。それぞれの発言を1本の糸へと編み込んでいく。
「長い旅が待っている……」「そして、私たちのこの地球上の時間は……」「私たちは傷つきやすい……」「お互いを大事にする」

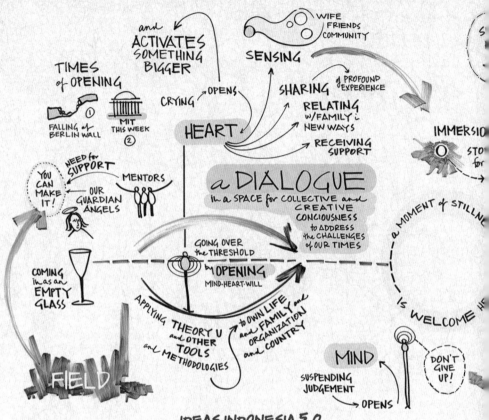

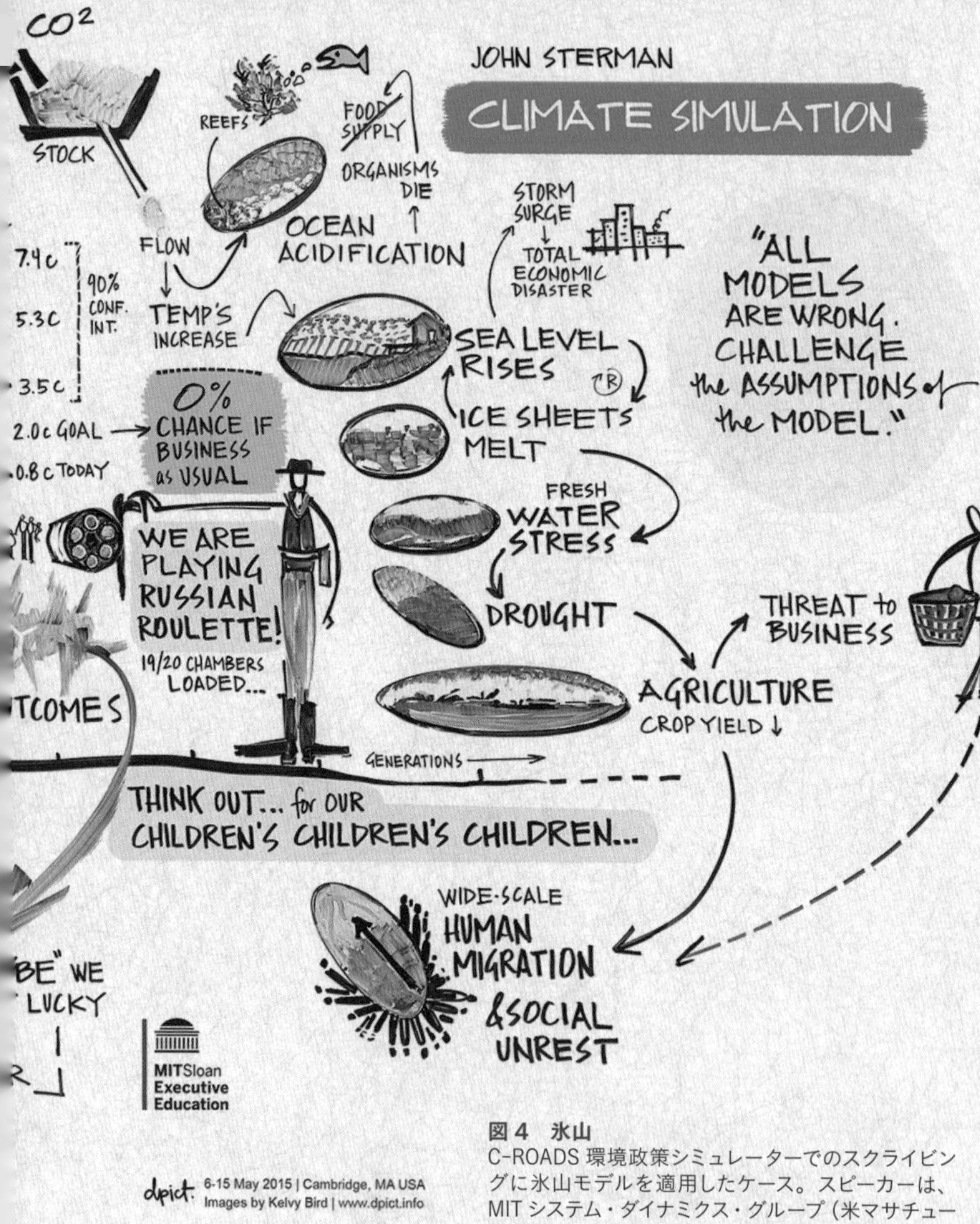

図 4　氷山
C-ROADS 環境政策シミュレーターでのスクライビングに氷山モデルを適用したケース。スピーカーは、MIT システム・ダイナミクス・グループ（米マサチューセッツ州、ケンブリッジ）代表のジョン・スターマン。ホワイトボードにホワイトボード用マーカー、4 × 8 フィート（約 1.2 × 2.4 m）、2015 年。

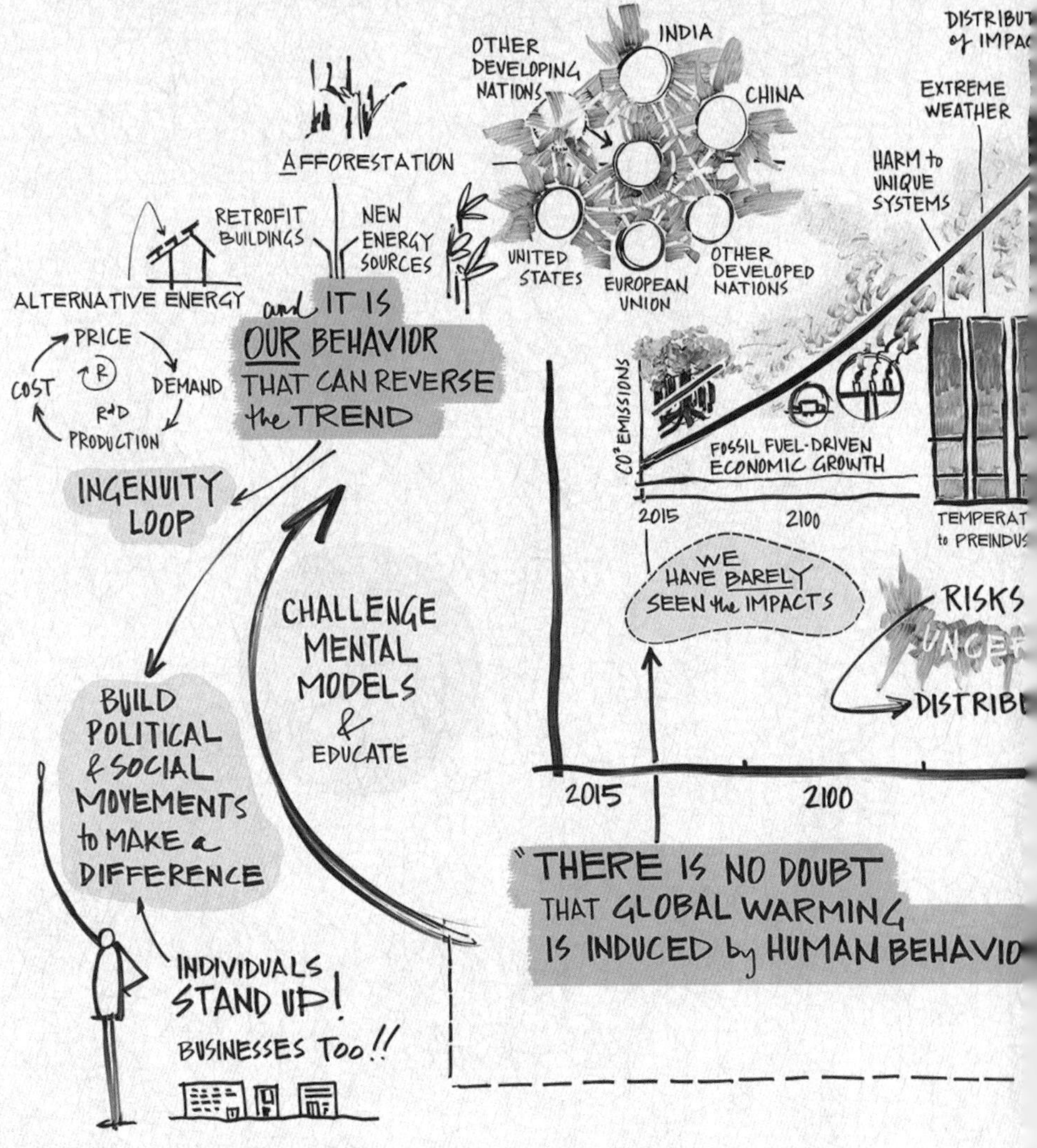
OTHER DEVELOPING NATIONS
INDIA
CHINA
UNITED STATES
EUROPEAN UNION
OTHER DEVELOPED NATIONS
AFFORESTATION
RETROFIT BUILDINGS
NEW ENERGY SOURCES
ALTERNATIVE ENERGY
PRICE
DEMAND
PRODUCTION
COST
R
R&D
and IT IS OUR BEHAVIOR THAT CAN REVERSE the TREND
INGENUITY LOOP
CHALLENGE MENTAL MODELS & EDUCATE
BUILD POLITICAL & SOCIAL MOVEMENTS to MAKE a DIFFERENCE
INDIVIDUALS STAND UP!
BUSINESSES TOO!!
CO2 EMISSIONS
FOSSIL FUEL-DRIVEN ECONOMIC GROWTH
2015
2100
WE HAVE BARELY SEEN the IMPACTS
2015
2100
EXTREME WEATHER
HARM to UNIQUE SYSTEMS
RISKS
"THERE IS NO DOUBT THAT GLOBAL WARMING IS INDUCED by HUMAN BEHAVIO

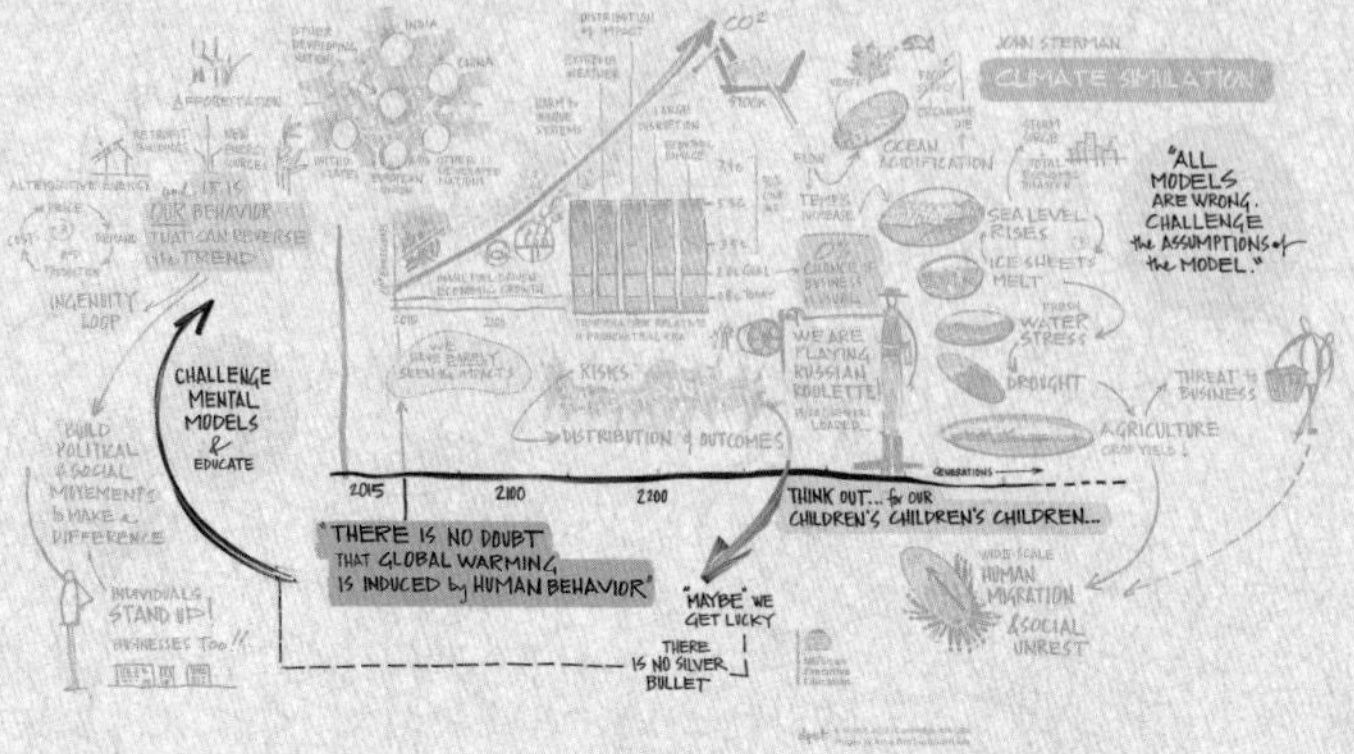

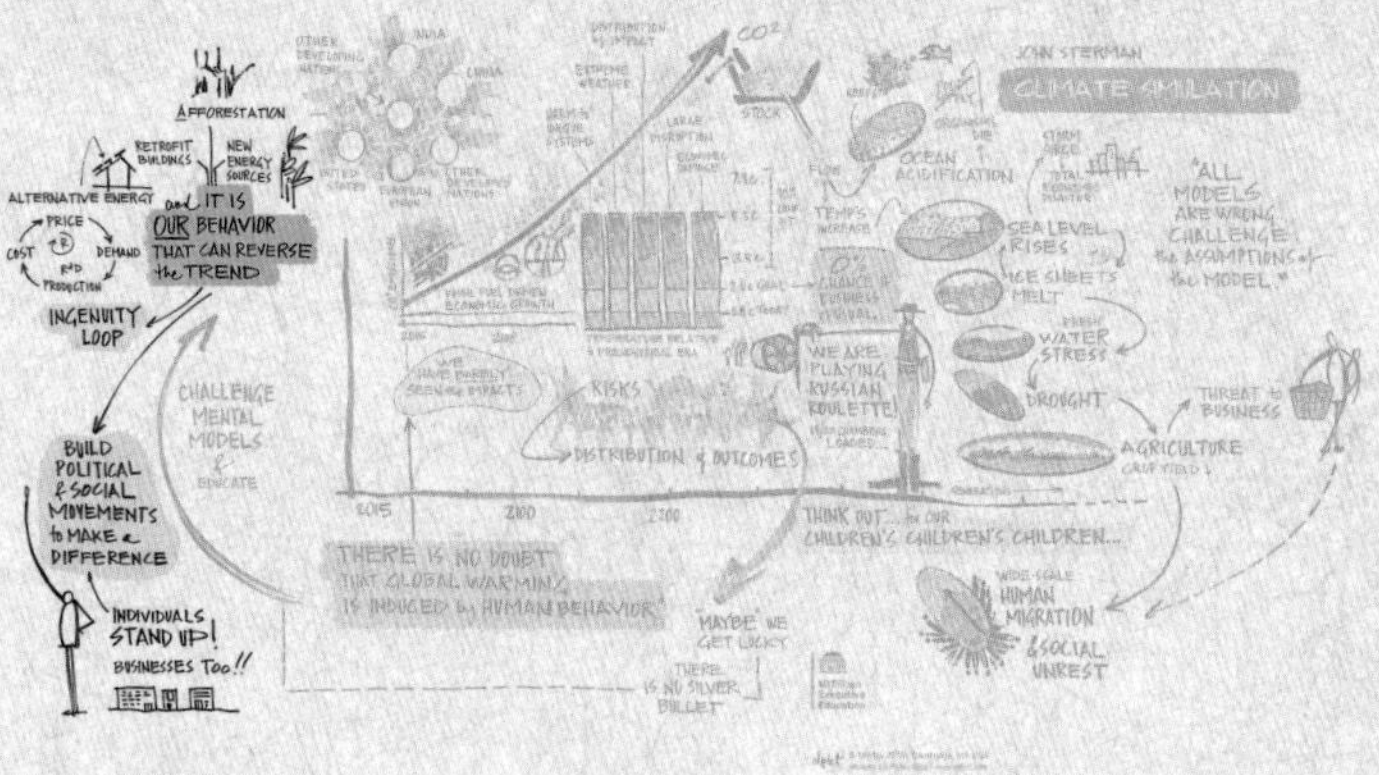

図 4 の細部

・左ページ上から

図 5　氷山〈構造〉　この部分には、気候変動をもたらす構造の一部が表示されている。

図 6　氷山〈行動パターン〉　この部分に、現在および予想される地球温暖化の傾向を配置している。

図 7　氷山〈できごと〉　この部分には、現在から将来にかけてのシナリオが描かれている。

・右ページ上から

図 8　氷山〈メンタルモデル〉　この部分には、将来に向けて方向性を改めるために、私たちはどのように思考を変えることができるかを図解している。

図 9　氷山〈ビジョン〉　ここは、望ましい未来を創るための実際の行動を思い描いた部分。

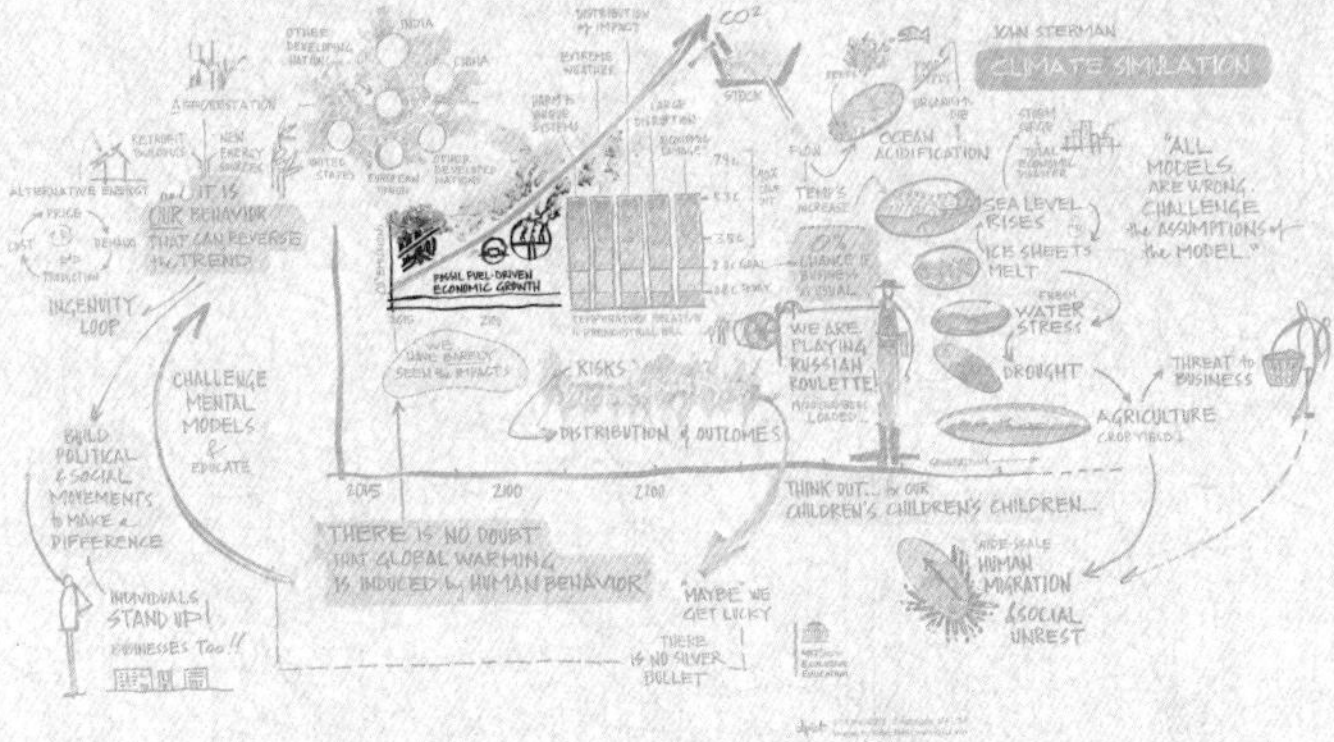

JOHN STERMAN
CLIMATE SIMULATION
CO2
STOCK
FLOW
DISTRIBUTION of IMPACT
EXTREME WEATHER
HARM to UNIQUE SYSTEMS
LARGE DISRUPTION
ECONOMIC DAMAGE
FOSSIL FUEL-DRIVEN ECONOMIC GROWTH
TEMPERATURE RELATIVE to PREINDUSTRIAL ERA
INDIA
CHINA
OTHER DEVELOPING NATIONS
UNITED STATES
EUROPEAN UNION
OTHER DEVELOPED NATIONS
AFFORESTATION
RETROFIT BUILDINGS
NEW ENERGY SOURCES
ALTERNATIVE ENERGY
PRICE
COST
DEMAND
PRODUCTION
and IT IS OUR BEHAVIOR THAT CAN REVERSE the TREND
INGENUITY LOOP
CHALLENGE MENTAL MODELS & EDUCATE
BUILD POLITICAL & SOCIAL MOVEMENTS to MAKE a DIFFERENCE
INDIVIDUALS STAND UP!
BUSINESSES TOO!!
"THERE IS NO DOUBT THAT GLOBAL WARMING IS INDUCED by HUMAN BEHAVIOR"
WE HAVE BARELY SEEN the IMPACTS
RISKS
DISTRIBUTION of OUTCOMES
WE ARE PLAYING RUSSIAN ROULETTE!
"MAYBE" WE GET LUCKY
THERE IS NO SILVER BULLET
THINK OUT... to OUR CHILDREN'S CHILDREN'S CHILDREN...
OCEAN ACIDIFICATION
TEMP'S INCREASE
SEA LEVEL RISES
ICE SHEETS MELT
FRESH WATER STRESS
DROUGHT
AGRICULTURE CROP YIELD ↓
THREAT to BUSINESS
WIDE-SCALE HUMAN MIGRATION & SOCIAL UNREST
"ALL MODELS ARE WRONG. CHALLENGE the ASSUMPTIONS of the MODEL."
2015
2100
2200

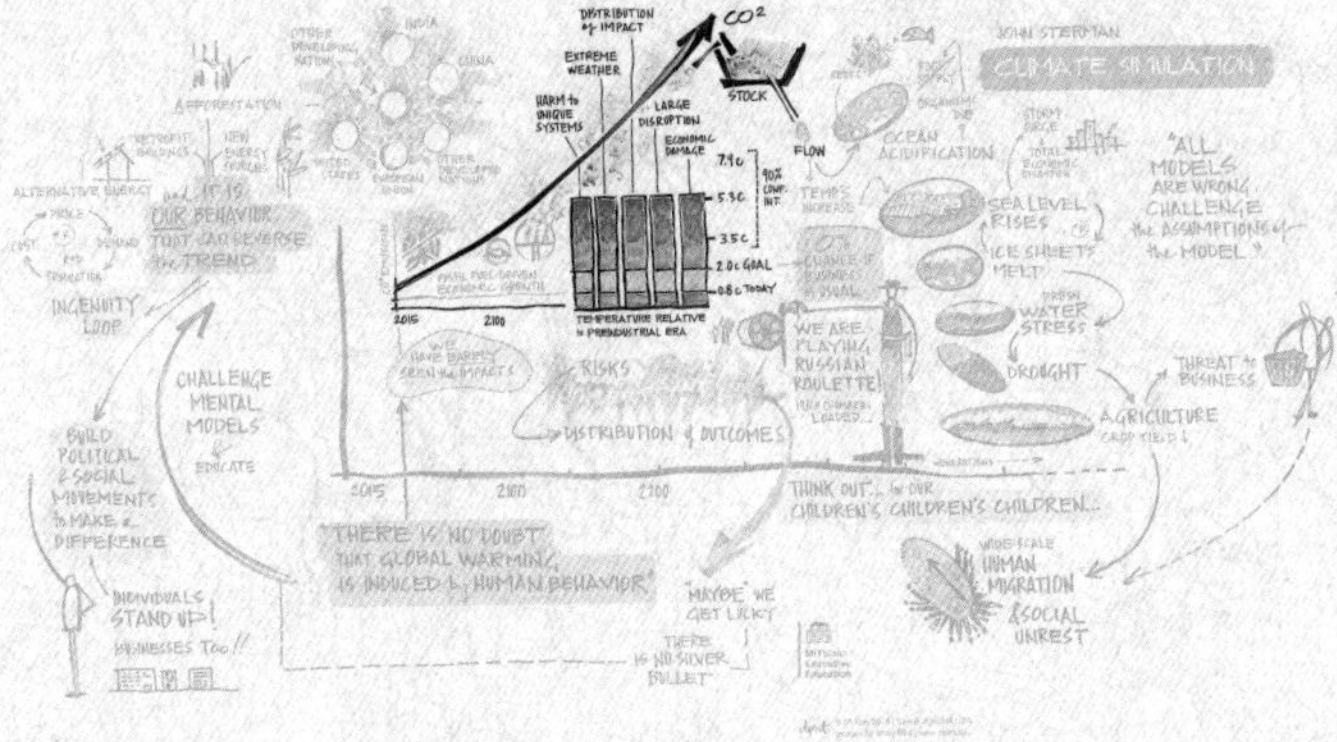

CO2
STOCK
FLOW
DISTRIBUTION of IMPACT
EXTREME WEATHER
HARM to UNIQUE SYSTEMS
LARGE DISRUPTION
ECONOMIC DAMAGE
7.1c
5.3c
3.5c
2.0c GOAL
0.8c TODAY
90% CONF. INT.
FOSSIL FUEL-DRIVEN ECONOMIC GROWTH
TEMPERATURE RELATIVE to PREINDUSTRIAL ERA
2015
2100

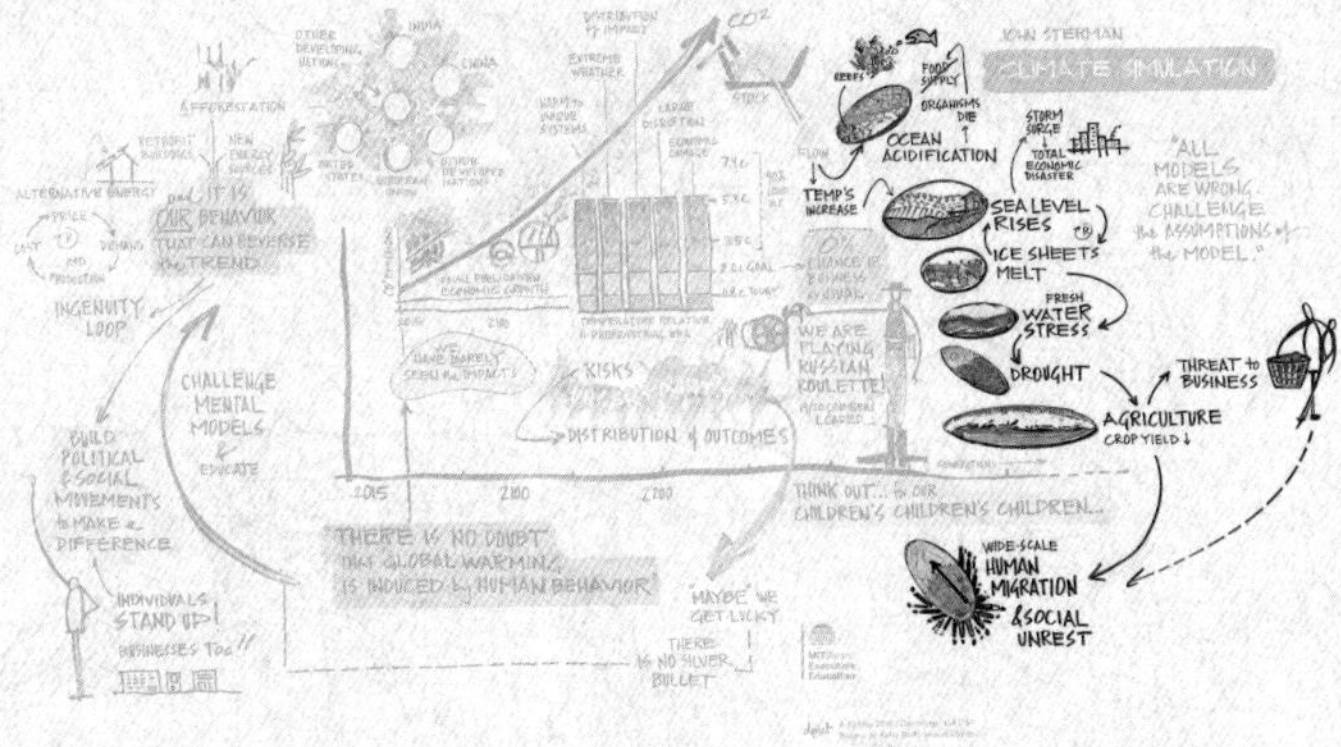

REEFS
FOOD SUPPLY
ORGANISMS DIE
OCEAN ACIDIFICATION
STORM SURGE
TOTAL ECONOMIC DISASTER
TEMP'S INCREASE
SEA LEVEL RISES
ICE SHEETS MELT
FRESH WATER STRESS
DROUGHT
THREAT to BUSINESS
AGRICULTURE CROP YIELD ↓
WIDE-SCALE HUMAN MIGRATION & SOCIAL UNREST

NOW
S IS a MOMENT
OPENING...
MAYBE IT'S JUST ANOTHER MOMENT...
0
1.0
2.0
3.0
4.0
WE ARE
CO-CREATORS
and
IT IS ACROSS
TIME and
SPACE
a FULL SPECTRUM of
SHADOW and LIGHT
CO-EVOLUTION
MOVING
WITH
WHAT IS
EMERGING
BEING SEEN in VULNERABILITY
and LIGHT
COACHING
GROUP
RECONNECT
with ANOTHER
ENERGY of
JOY and
LIGHTNESS
STAYING
WITH
2 DAYS
ie: in between GIGS!
MINIMAL ENABLING
STRUCTURES + MEASURES
THINKING
→ DOING
AWAKENING
+ OUTER SUPPORT
→ INNER DNA
SHIFT
OPEN in COMPASSION
ROOTING
CLARITY →
PRACTICE
NOURISH
CONFIDENCE
DAILY
IT CAN BE AKWARD to LET OURSELVES BE HELD
GIVEN TIME, THERE IS COHESIVENESS
SENSING OTHER BODIES ARE THERE IS an ATTRACTION
STAY
KNOWING
as WE
GO IN and
OUT
RETURNING to
INTENTION
EVERY DAY
BREATH
IN-OUT
NOTICE
FEEDBACK
ING
TH
AND LOVE

図10　器
アラワナ・ハヤシが指導するプレゼンシング・マスタークラスにおける最終サークル。奥の壁にグラフィックが見える。
ドイツ、ベルリン。2012 年。

図11　プレゼンシング
マスタークラスの絵の詳細。私はそのとき初めて、プレゼンシングが会場と私の絵の中に同時に入ってくるのに気づいた。
紙にパーマネントインキ、2012 年。

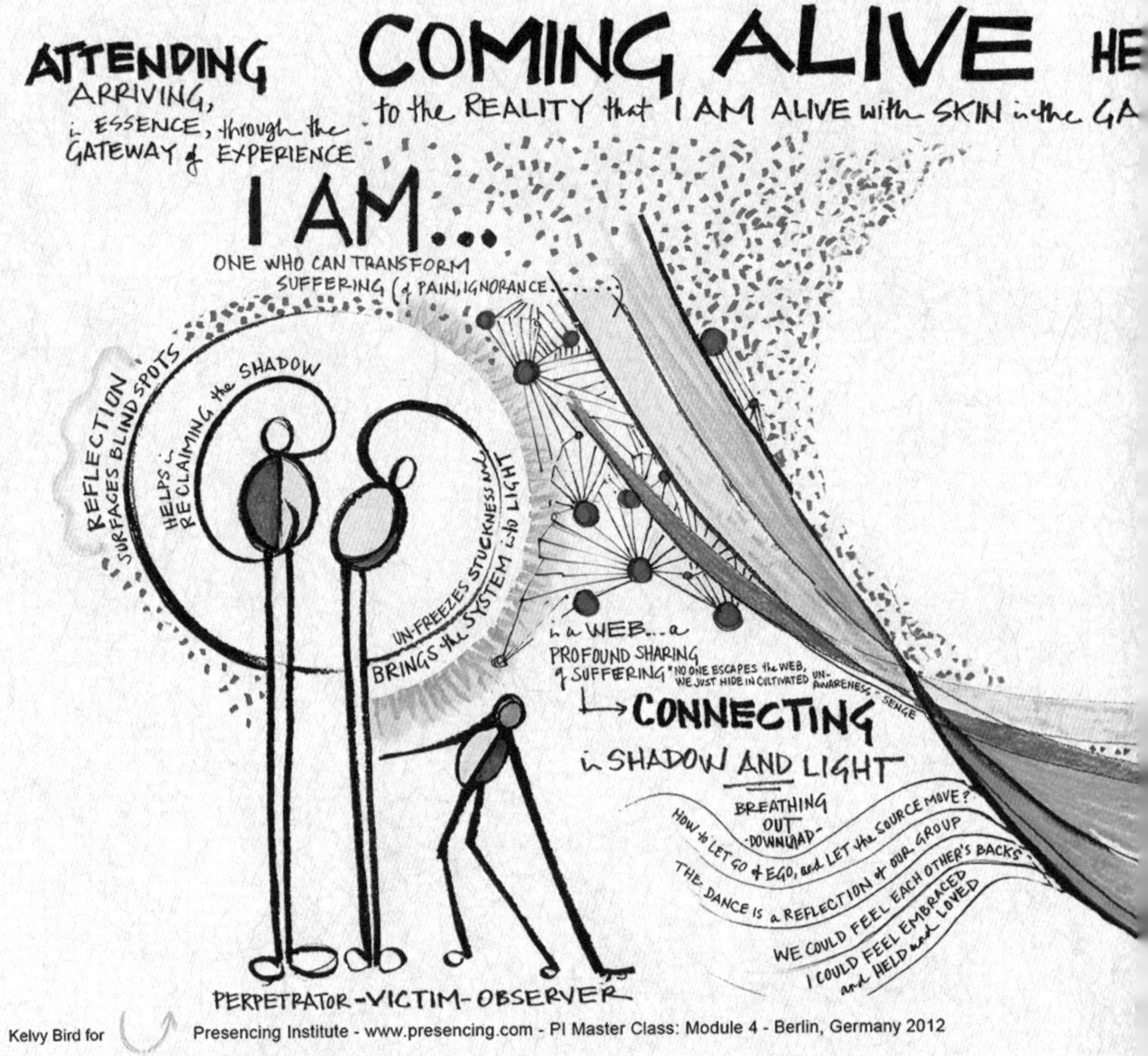

ATTENDING
ARRIVING, in ESSENCE, through the GATEWAY of EXPERIENCE
COMING ALIVE HE
to the REALITY that I AM ALIVE with SKIN in the GA
I AM...
ONE WHO CAN TRANSFORM SUFFERING (of PAIN, IGNORANCE...)
REFLECTION SURFACES BLIND SPOTS
HELPS in RECLAIMING the SHADOW
UN-FREEZES STUCKNESS and BRINGS the SYSTEM into LIGHT
in a WEB...a PROFOUND SHARING of SUFFERING
"NO ONE ESCAPES the WEB, WE JUST HIDE IN CULTIVATED UN-AWARENESS." SENGE
→ CONNECTING
in SHADOW AND LIGHT
BREATHING OUT -DOWNLOAD-
HOW to LET GO of EGO, and LET the SOURCE MOVE?
THE DANCE IS a REFLECTION of OUR GROUP
WE COULD FEEL EACH OTHER'S BACKS
I COULD FEEL EMBRACED and HELD and LOVED
PERPETRATOR-VICTIM-OBSERVER
Kelvy Bird for Presencing Institute - www.presencing.com - PI Master Class: Module 4 - Berlin, Germany 2012

図 12　オーセンティックであること
見た目は必ずしも素敵でなくても、現実を表している。エネルギーを保つため、今は写実性をめざすよりも、私なりのイメージを作り出すための手の動きを大事にしている。
ホワイトボードにホワイトボード用マーカー、2017 年。

図 13　聴く
台湾、台北で開催されたワークショップでのデモンストレーション。中国語から英語への通訳を聞くため、イヤホンをしている。
紙にパーマネントインキ、2016 年。
（写真：ツナミ・リン）

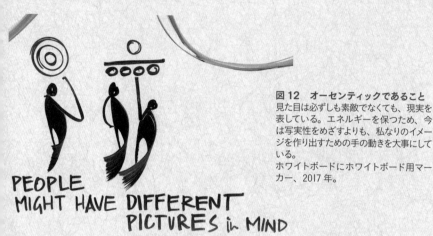

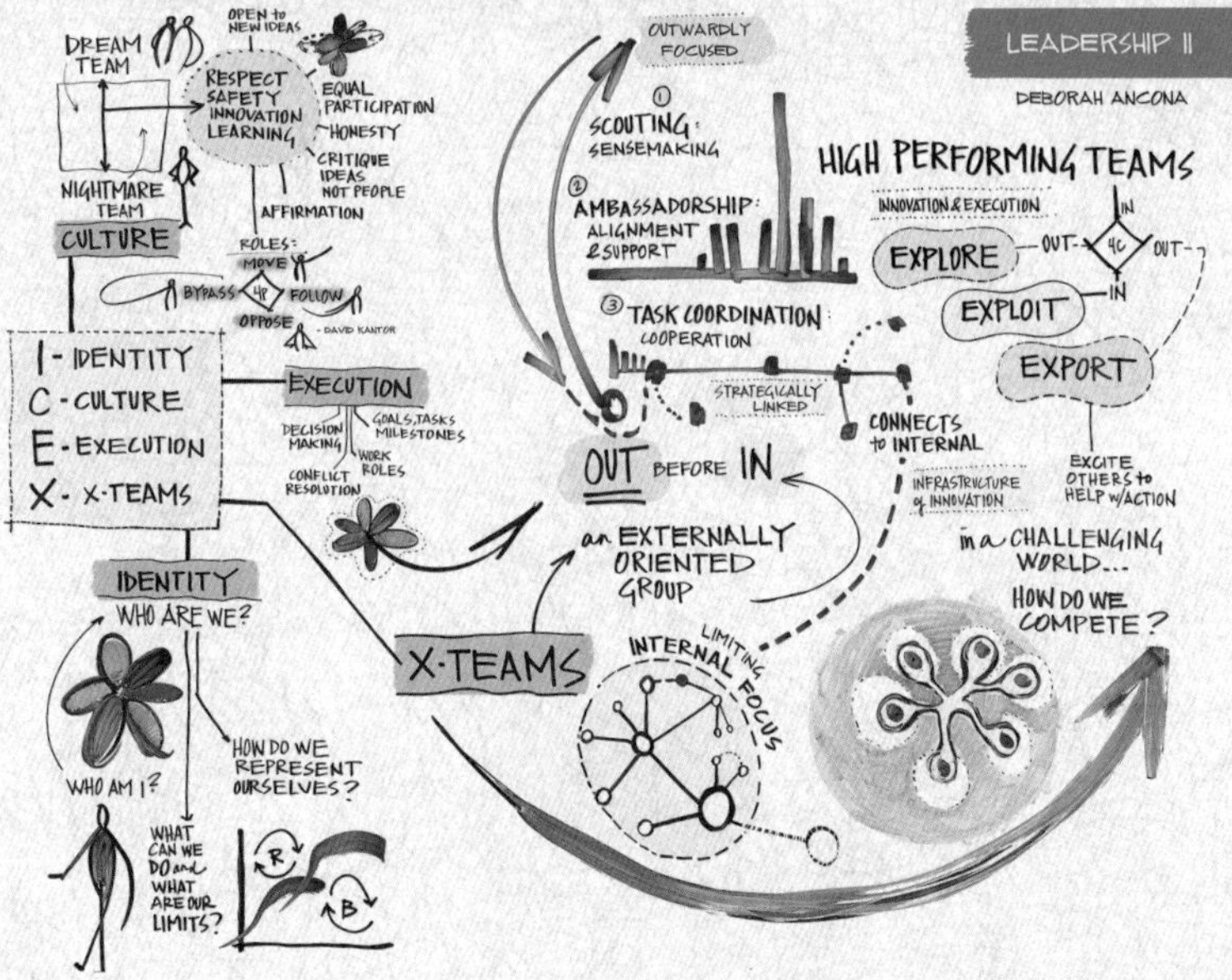

図 14　切り取った時

「X チーム」という代表的な枠組みをこのようなアプローチで記録してみた。プレゼンターは、米マサチューセッツ州ケンブリッジにある MIT リーダーシップセンターのデボラ・アンコナ。ホワイトボードにホワイトボード用マーカー、4 × 5 フィート（約 1.2 × 1.5 m）、2015 年。

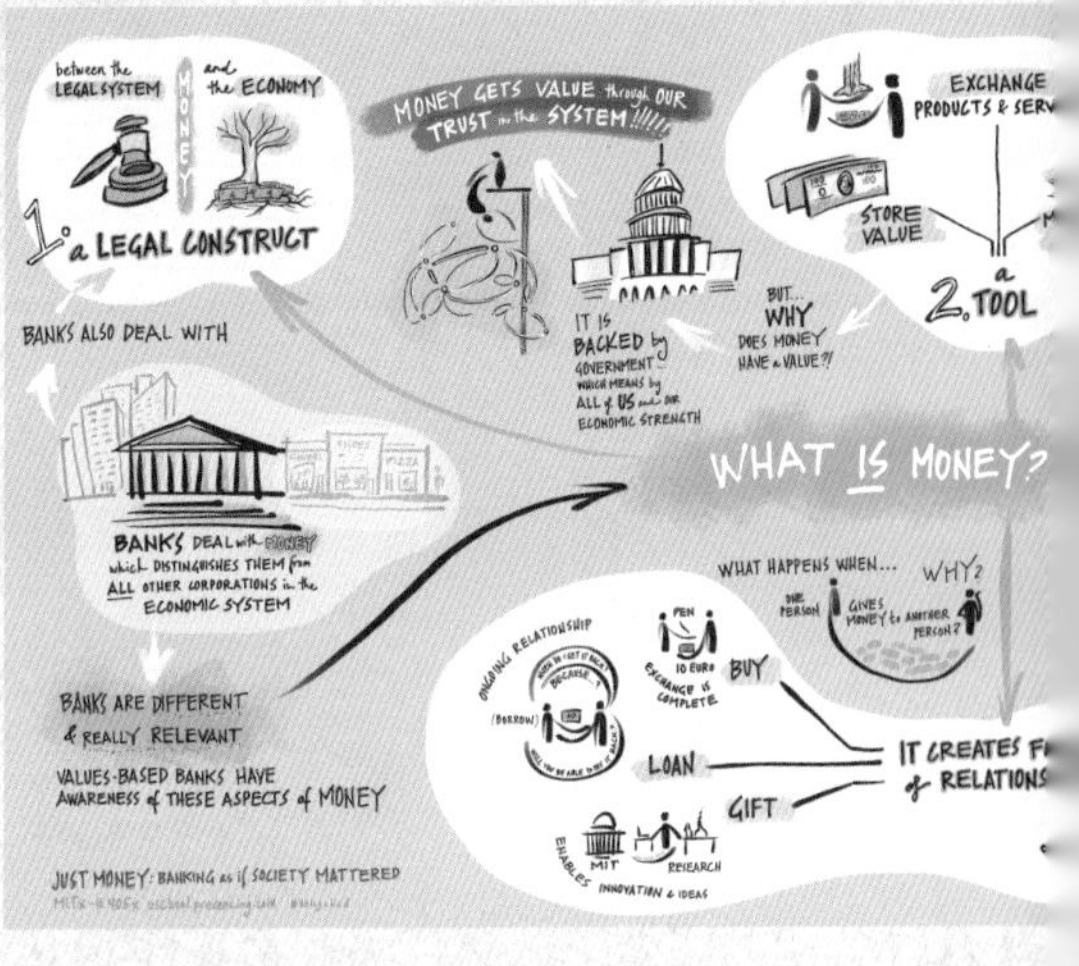

図 15　切り取った時

edX の大規模公開オンライン講座「Just Money: Banking As If Society Mattered（公正なお金：社会を考慮した銀行業）」にて。ここでは「お金」の概念を説明している。Procreate 使用、iPadPro、2016 年。

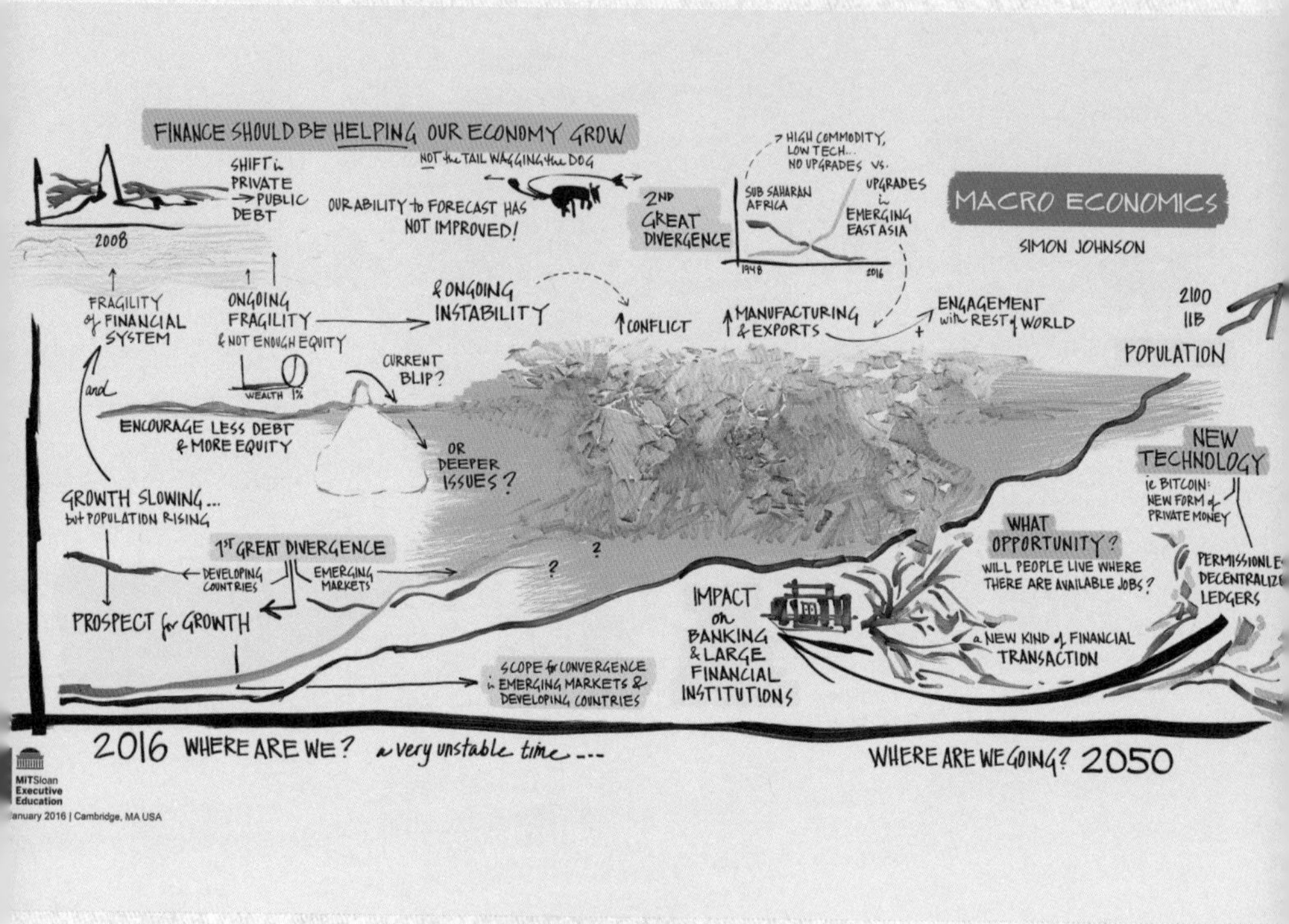

図 16　経過を辿る時
MIT スローン・スクール・オブ・マネジメントで起業家教育を担うサイモン・ジョンソン教授の講義。マクロ経済の 30 年の展望をタイムラインで表示した。
ホワイトボードに、ホワイトボード用マーカー、4 × 8 フィート（約 1.2 × 2.4 m）、2014 年。

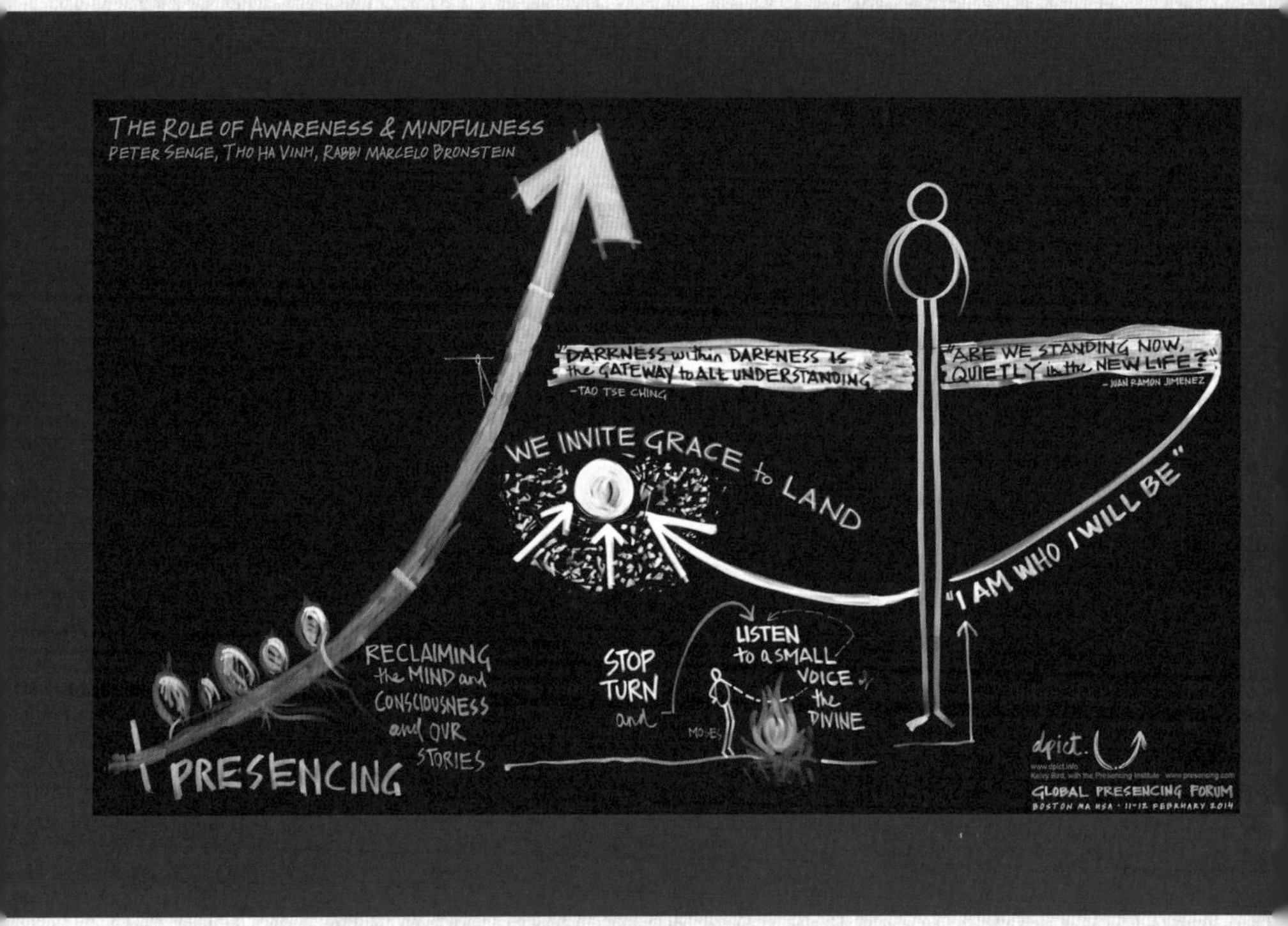

図 17　今ここだという時
図 18 の一部。話の内容を最小限の描写で表すアプローチ。3 人のスピーカーによるマインドフルネスについての話をまとめている。

図 18　一貫性
およそ 250 名が出席した 3 日間のセッションの全内容をこの長い壁 1 つに編み込んだ。意図したわけではないが、全体が 1 匹の不思議な動物のような形にまとまり、愛着を感じた。左端に目と牙が見える。フォームのボードにアクリル絵具、5 × 30 フィート(約 1.5 × 9.1 m)、2014 年。

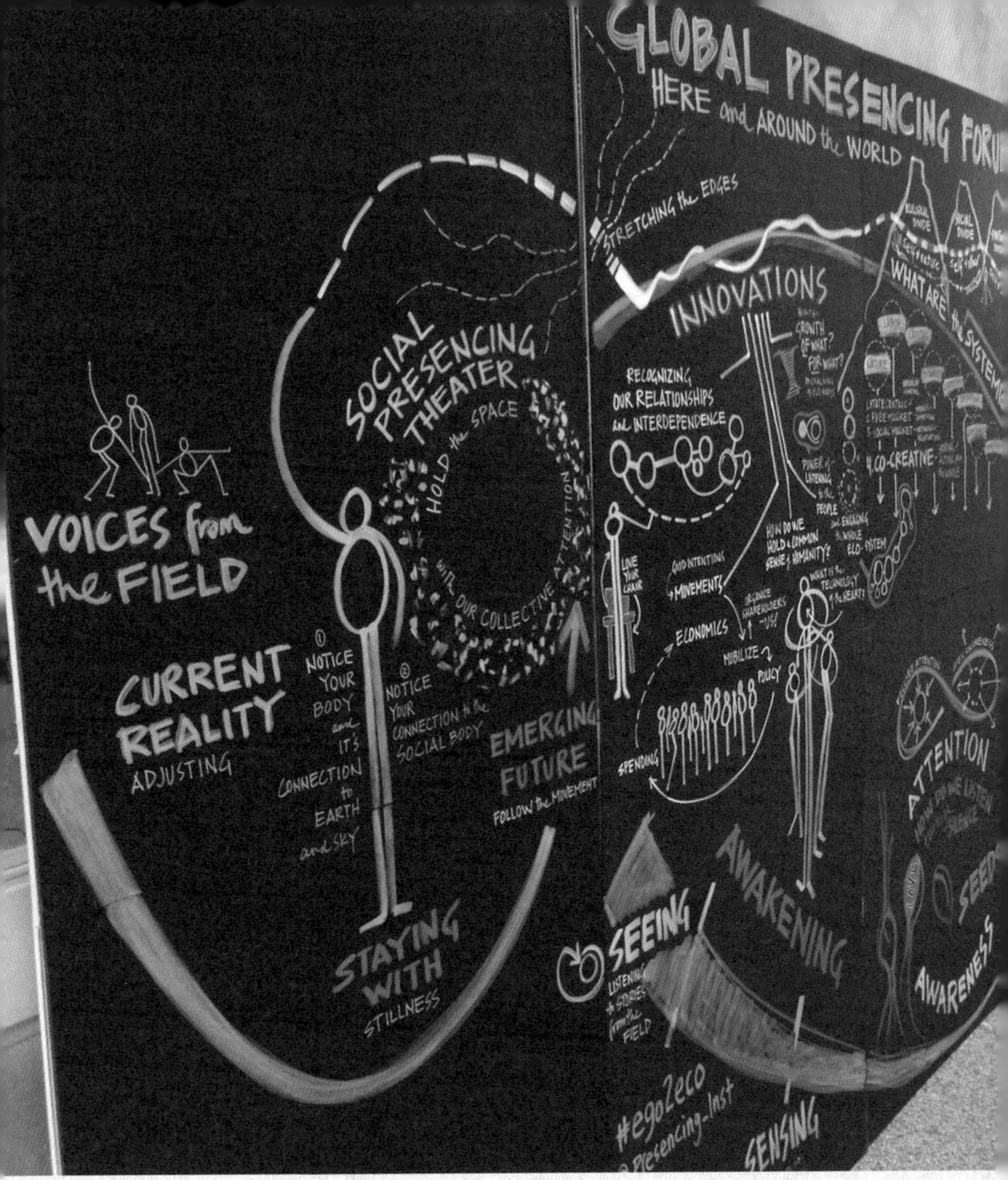
GLOBAL PRESENCING FORU
HERE and AROUND the WORLD
STRETCHING the EDGES
SOCIAL PRESENCING THEATER
HOLD the SPACE
with OUR COLLECTIVE ATTENTION
VOICES from the FIELD
CURRENT REALITY
ADJUSTING
NOTICE YOUR BODY and IT'S CONNECTION to EARTH and SKY
NOTICE YOUR CONNECTION to the SOCIAL BODY
EMERGING FUTURE
FOLLOW the MOVEMENT
STAYING WITH
STILLNESS
INNOVATIONS
RECOGNIZING OUR RELATIONSHIPS and INTERDEPENDENCE
LOVE YOUR CHAIR
GOOD INTENTIONS
MOVEMENTS
ECONOMICS
MOBILIZE
POLICY
SPENDING
HOW DO WE HOLD a COMMON SENSE of HUMANITY?
WHAT IS the TECHNOLOGY of the HEART?
POWER of LISTENING to the PEOPLE
CO-CREATIVE
WHAT ARE the SYSTEMIC
ATTENTION
SEEING
LISTENING to STORIES from the FIELD
AWAKENING
SENSING
AWARENESS
#ego2eco
@presencing_inst

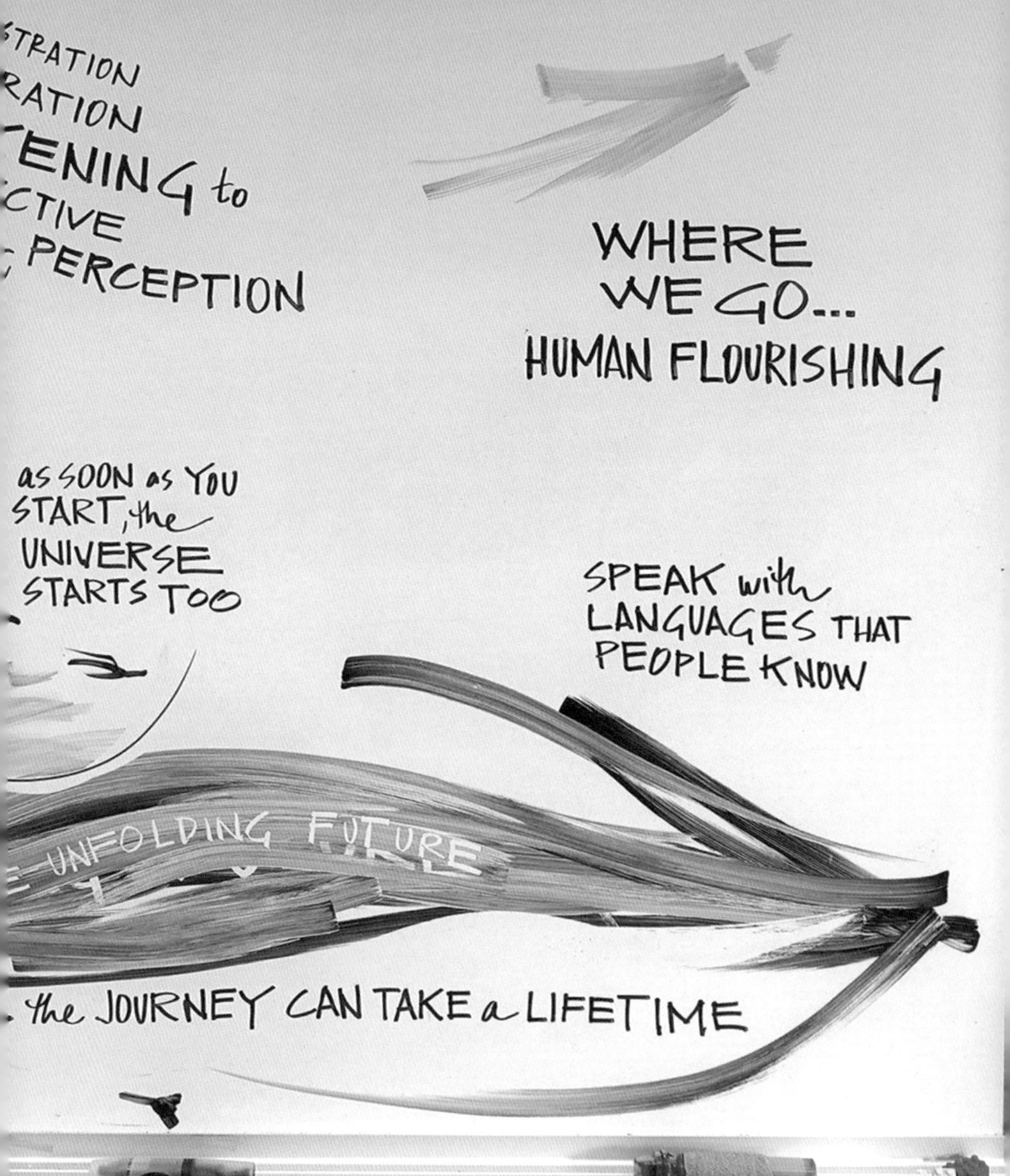
STRATION
RATION
ENING to
CTIVE
PERCEPTION
WHERE WE GO...
HUMAN FLOURISHING
as SOON as YOU START, the UNIVERSE STARTS TOO
SPEAK with LANGUAGES THAT PEOPLE KNOW
UNFOLDING FUTURE
the JOURNEY CAN TAKE a LIFETIME

図 19　見分ける
「出現する未来の最高の可能性」に関係する中心的なメッセージを取り込んだ例。動きのある大きな矢印と金色に覆われた円の中の鳥は、そのメッセージを「変容させる」努力を示している。ホワイトボードにホワイトボード用マーカー、2016 年。

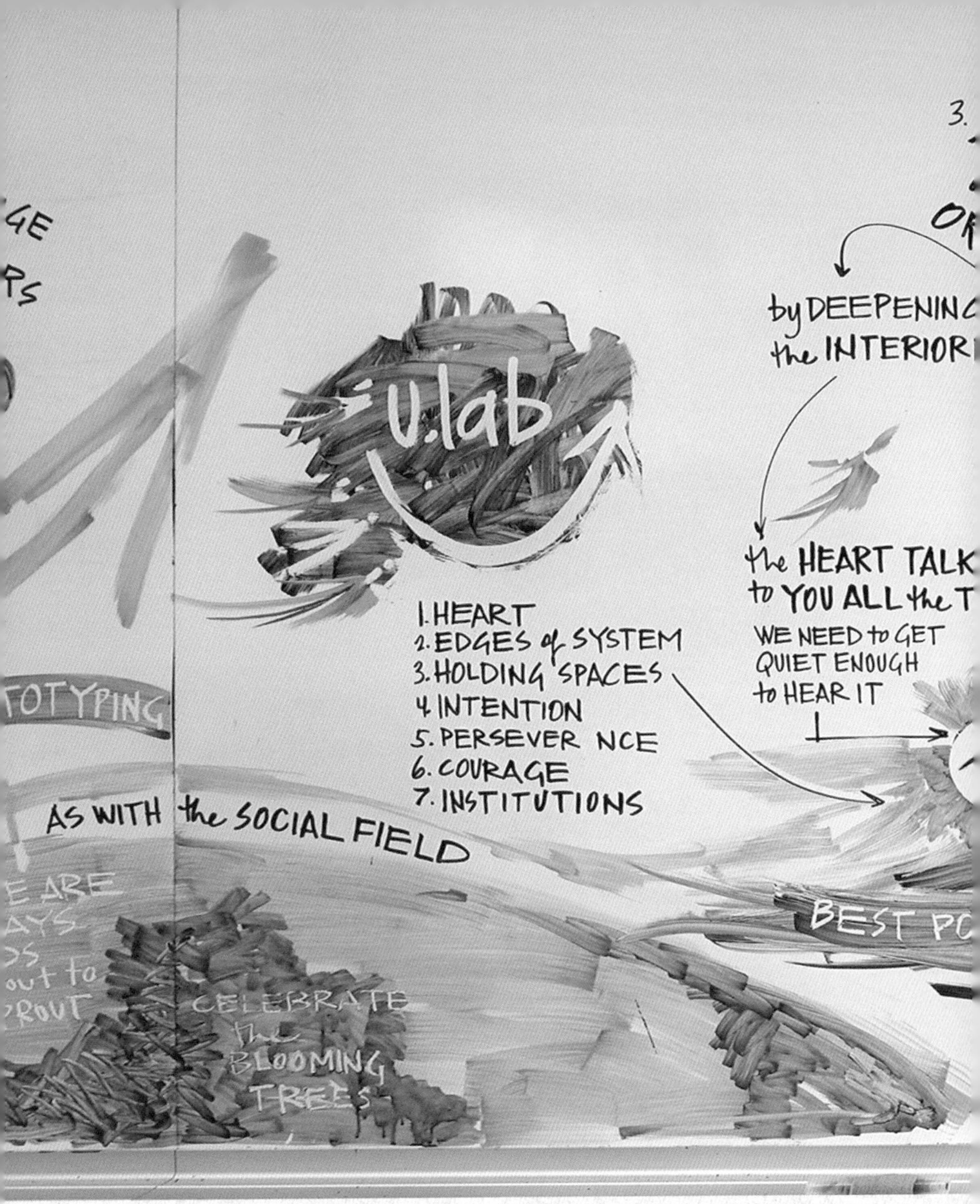
U.lab
1. HEART
2. EDGES of SYSTEM
3. HOLDING SPACES
4. INTENTION
5. PERSEVER NCE
6. COURAGE
7. INSTITUTIONS
AS WITH the SOCIAL FIELD
by DEEPENING
the INTERIOR
the HEART TALK
to YOU ALL the T
WE NEED to GET
QUIET ENOUGH
to HEAR IT
TOTYPING
CELEBRATE
the
BLOOMING
TREES
BEST PC

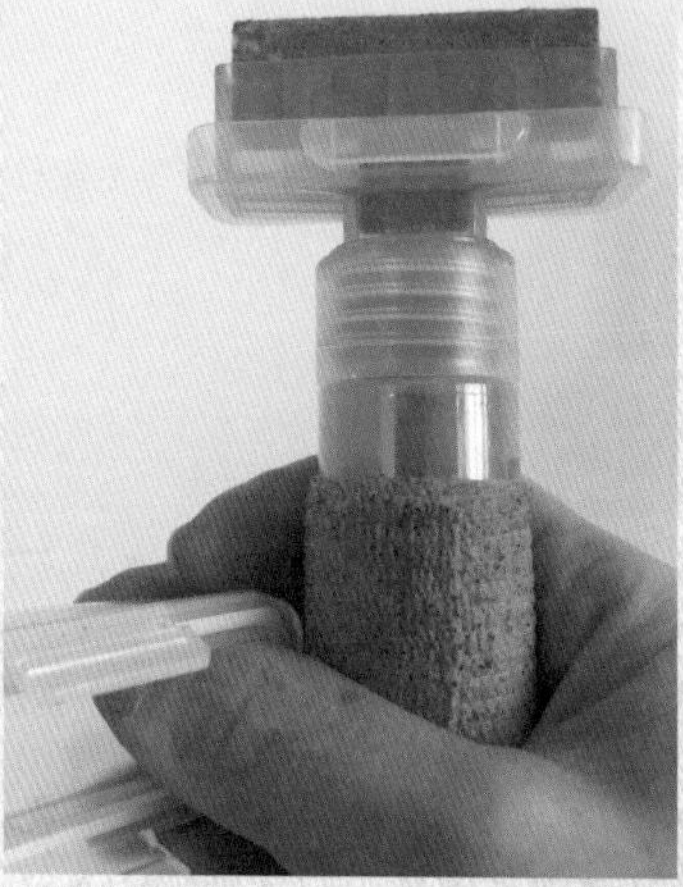

図 20　喜び
独自に混ぜた Neuland（ノイラント）マーカーのインクを 50mm の Montana ケースに入れ、粘着性の伸縮包帯を巻いてグリップにしたもの。2015 年。

図 21　さらなる喜び
独自に混ぜた Neuland マーカーのインクが、描きたいと思っていた葉の色になり、まさにその色の葉が床に落ちているのを描いている途中に見つけた。
2015 年。

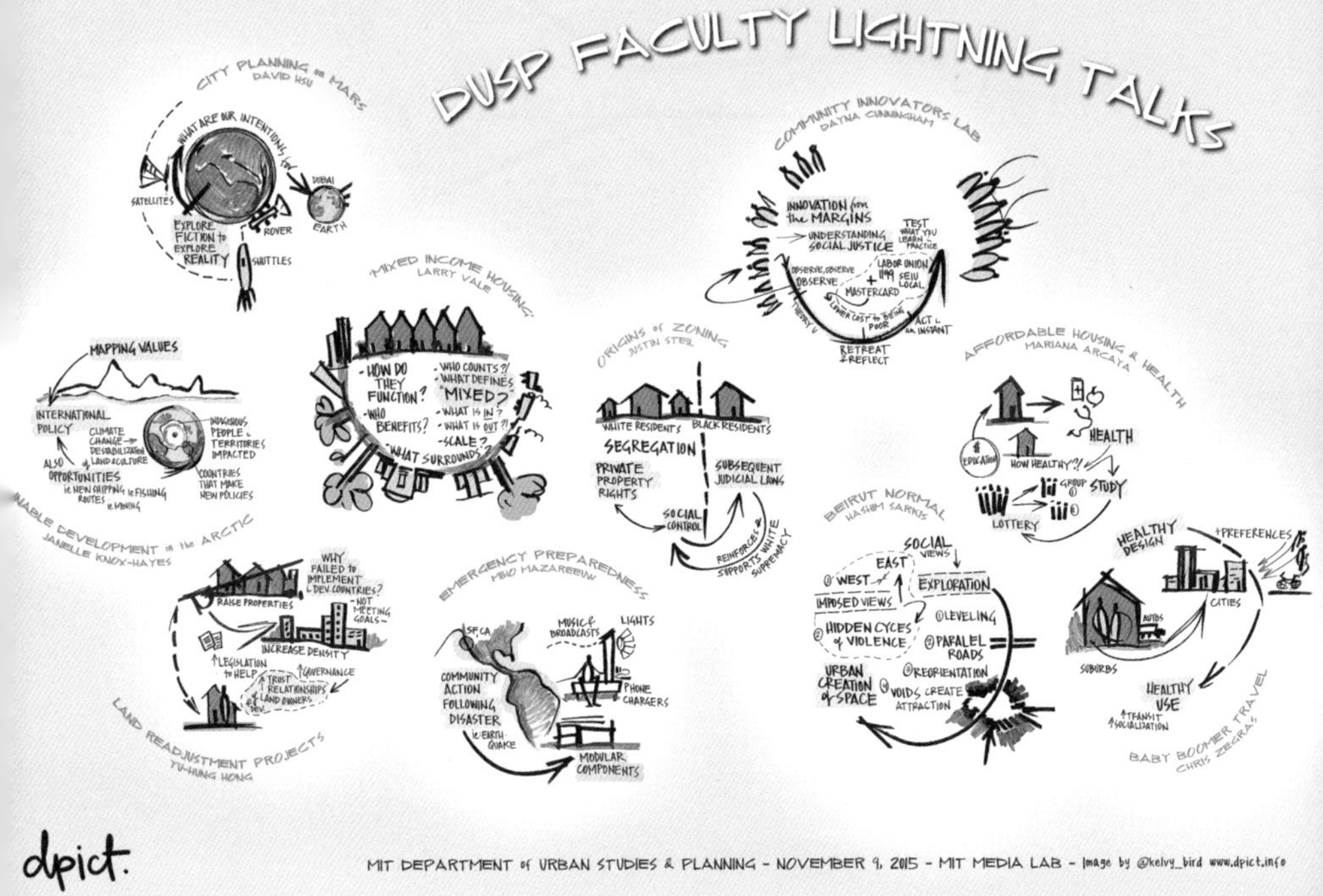

図 22　スクライビングの第 1 レベル
3 分間のプレゼンテーションが次々に行われる「ライトニングトーク」で最も重要なのは、データを正確に追うこと。Adobe Photoshop によるカラーおよびデジタル処理。
フォームボードにパーマネントインキ、40 × 60 インチ（約 102 × 152 cm）、2015 年。

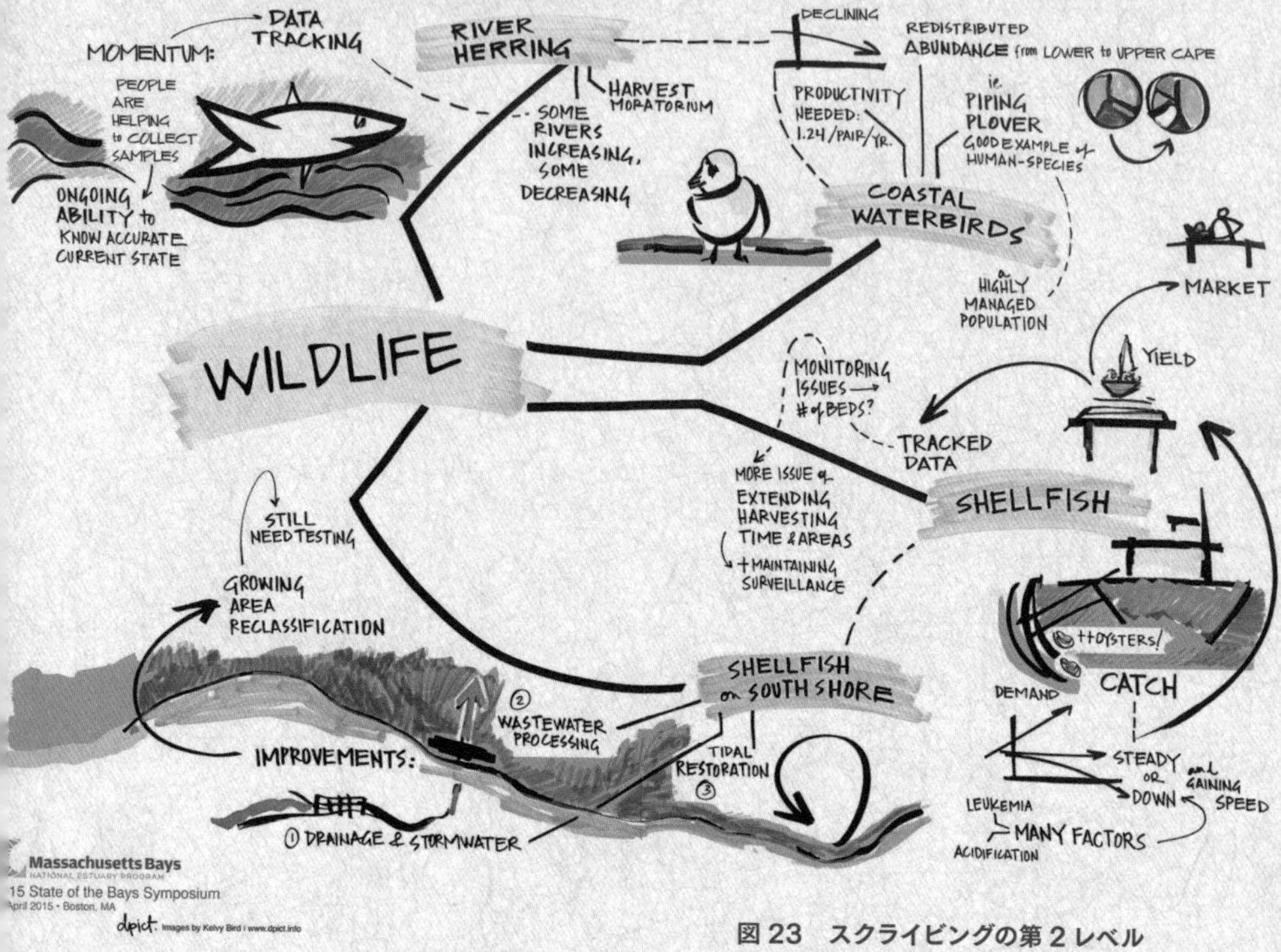

図 23　スクライビングの第 2 レベル
マサチューセッツ湾国立河口プログラムによるシンポジウムにおいて、野生生物保全をテーマに複数のプレゼンテーションが行われた。
フォームボードにパーマネントインキ、40 × 60 インチ（約 102 × 152 cm）、2015 年。

図 24　スクライビングの第 3 レベル
1 週間のプログラムの間に、複数のスピーカーが話した内容に含まれた要素を、文脈的な関連性を踏まえて、視覚的に組み込んだ例。上のイメージが実物の写真で、下はそれをデジタル処理したファイル。米オレゴン州、ポートランド。
ボール紙にパーマネントインキとアクリル絵具、4 × 6 フィート（約 1.2 × 1.8 m）、2014 年。
www.academyforchange.org

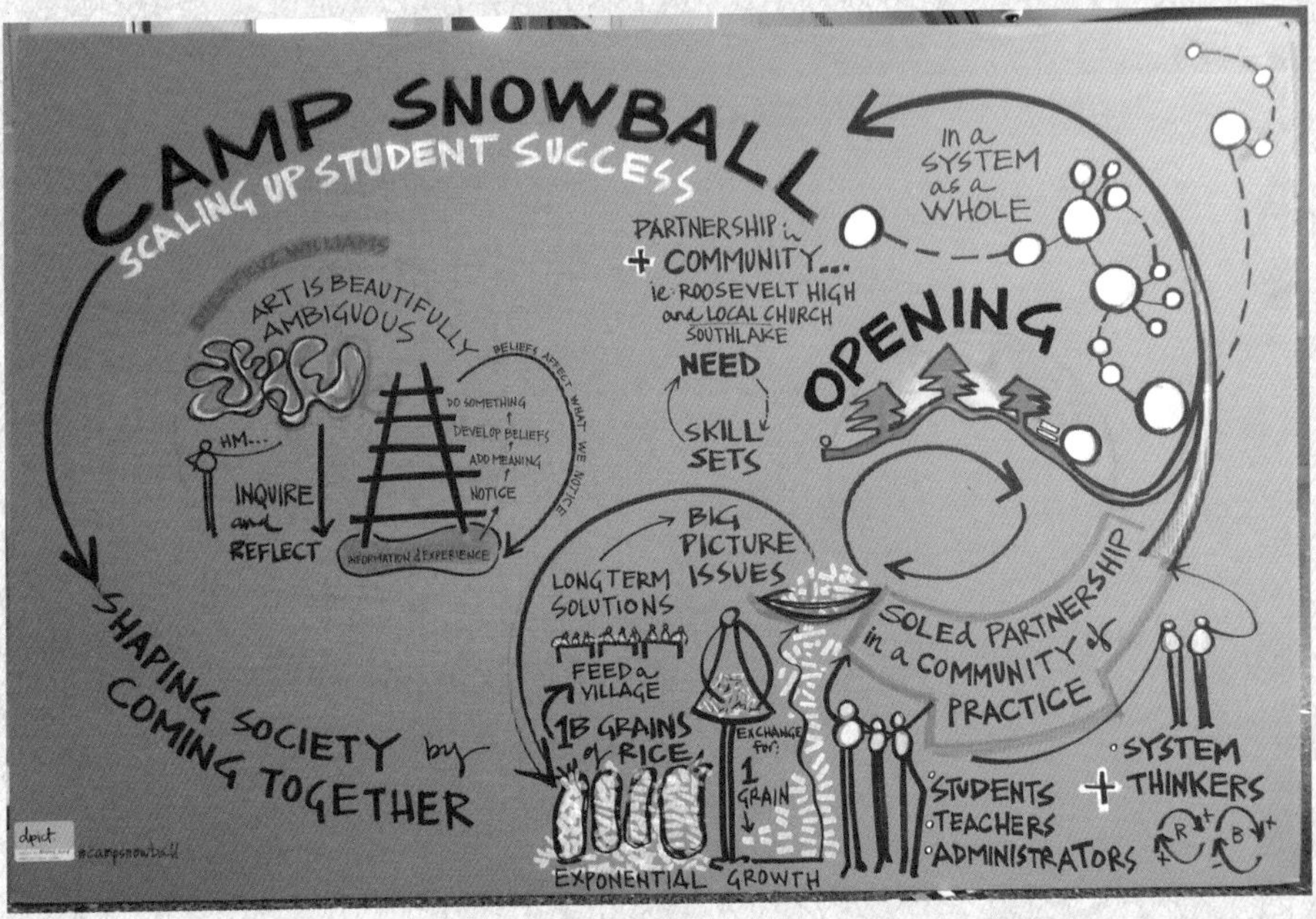
CAMP SNOWBALL
SCALING UP STUDENT SUCCESS
ART IS BEAUTIFULLY AMBIGUOUS
HM...
INQUIRE and REFLECT
DO SOMETHING
DEVELOP BELIEFS
ADD MEANING
NOTICE
INFORMATION & EXPERIENCE
BELIEFS AFFECT WHAT WE NOTICE
SHAPING SOCIETY by COMING TOGETHER
PARTNERSHIP in + COMMUNITY...
ie: ROOSEVELT HIGH and LOCAL CHURCH SOUTHLAKE
NEED
SKILL SETS
in a SYSTEM as a WHOLE
OPENING
BIG PICTURE ISSUES
LONGTERM SOLUTIONS
FEED a VILLAGE
1B GRAINS of RICE
EXCHANGE for: 1 GRAIN
EXPONENTIAL GROWTH
SOLEd PARTNERSHIP in a COMMUNITY of PRACTICE
STUDENTS
TEACHERS
ADMINISTRATORS
+ SYSTEM THINKERS
R
B
dpict
#campsnowball

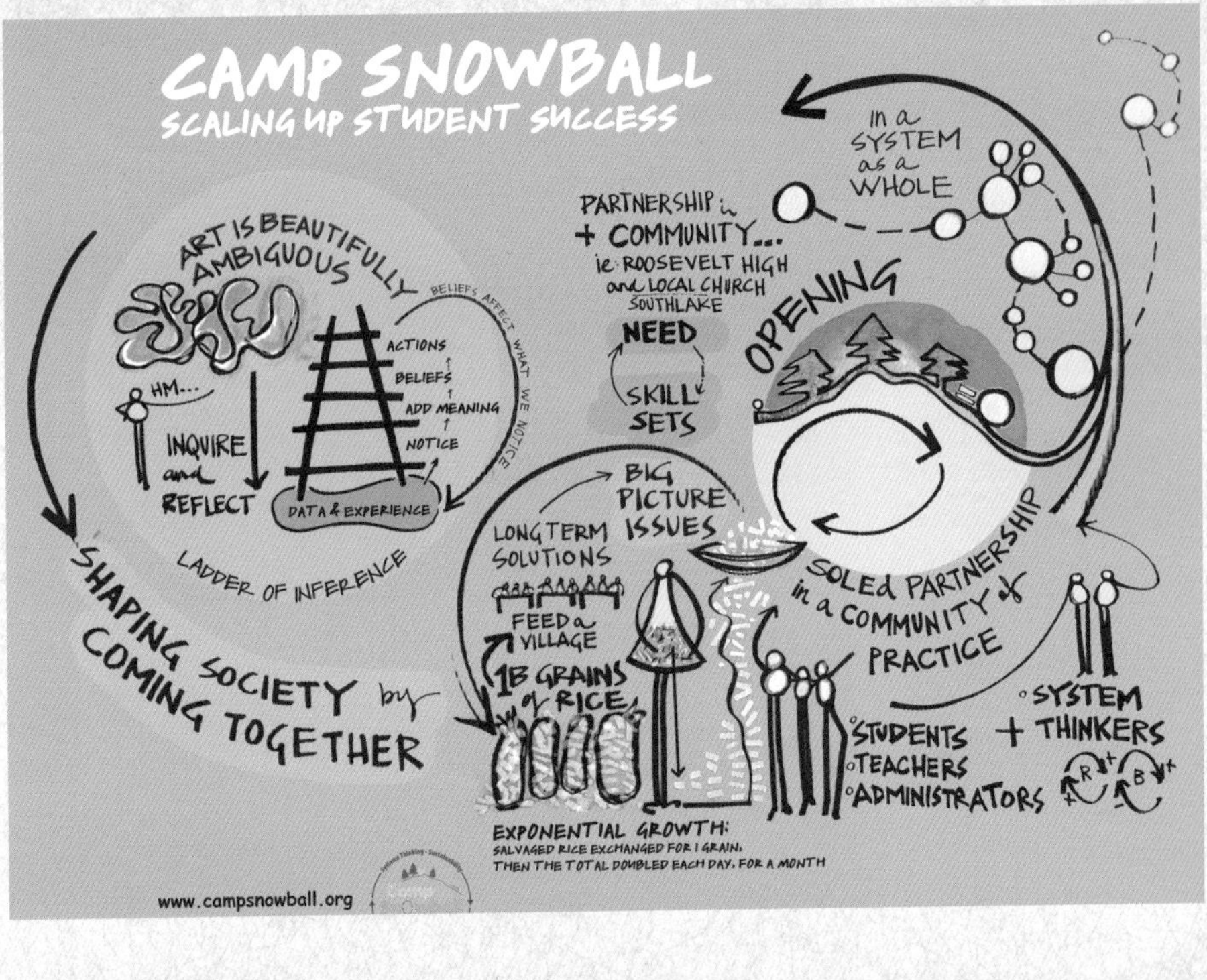
CAMP SNOWBALL
SCALING UP STUDENT SUCCESS
ART IS BEAUTIFULLY AMBIGUOUS
HM...
INQUIRE and REFLECT
ACTIONS
BELIEFS
ADD MEANING
NOTICE
DATA & EXPERIENCE
BELIEFS AFFECT WHAT WE NOTICE
LADDER OF INFERENCE
SHAPING SOCIETY by COMING TOGETHER
PARTNERSHIP in + COMMUNITY...
ie: ROOSEVELT HIGH and LOCAL CHURCH SOUTHLAKE
NEED
SKILL SETS
in a SYSTEM as a WHOLE
OPENING
BIG PICTURE ISSUES
LONGTERM SOLUTIONS
FEED a VILLAGE
1B GRAINS of RICE
SOLEd PARTNERSHIP in a COMMUNITY of PRACTICE
STUDENTS
TEACHERS
ADMINISTRATORS
+ SYSTEM THINKERS
R
B
EXPONENTIAL GROWTH:
SALVAGED RICE EXCHANGED FOR 1 GRAIN,
THEN THE TOTAL DOUBLED EACH DAY, FOR A MONTH
www.campsnowball.org

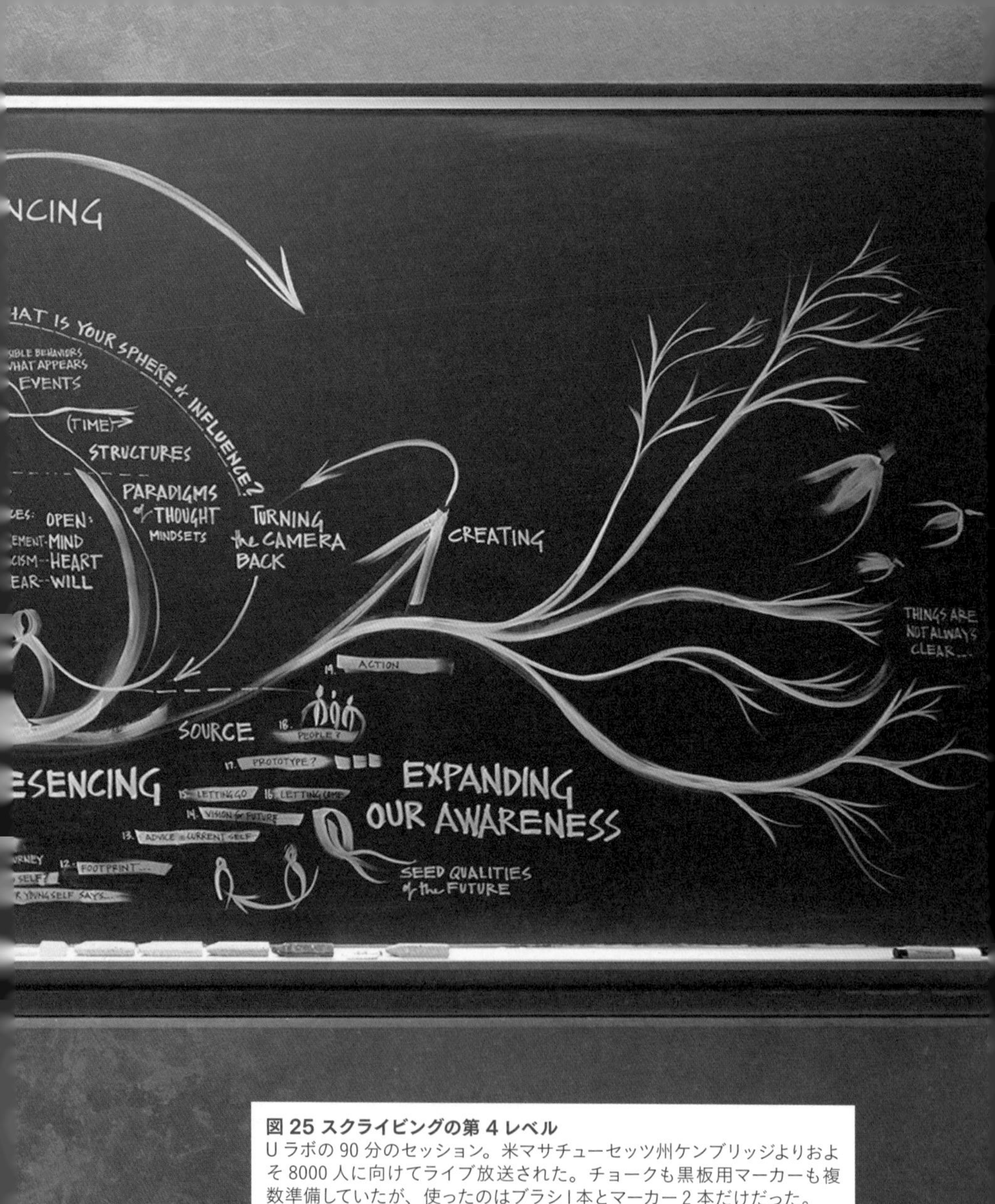

図 25 スクライビングの第 4 レベル
U ラボの 90 分のセッション。米マサチューセッツ州ケンブリッジよりおよそ 8000 人に向けてライブ放送された。チョークも黒板用マーカーも複数準備していたが、使ったのはブラシ1本とマーカー 2 本だけだった。
黒板に黒板用マーカー、5 × 10 フィート（約 1.5 × 3 m）、2016 年。

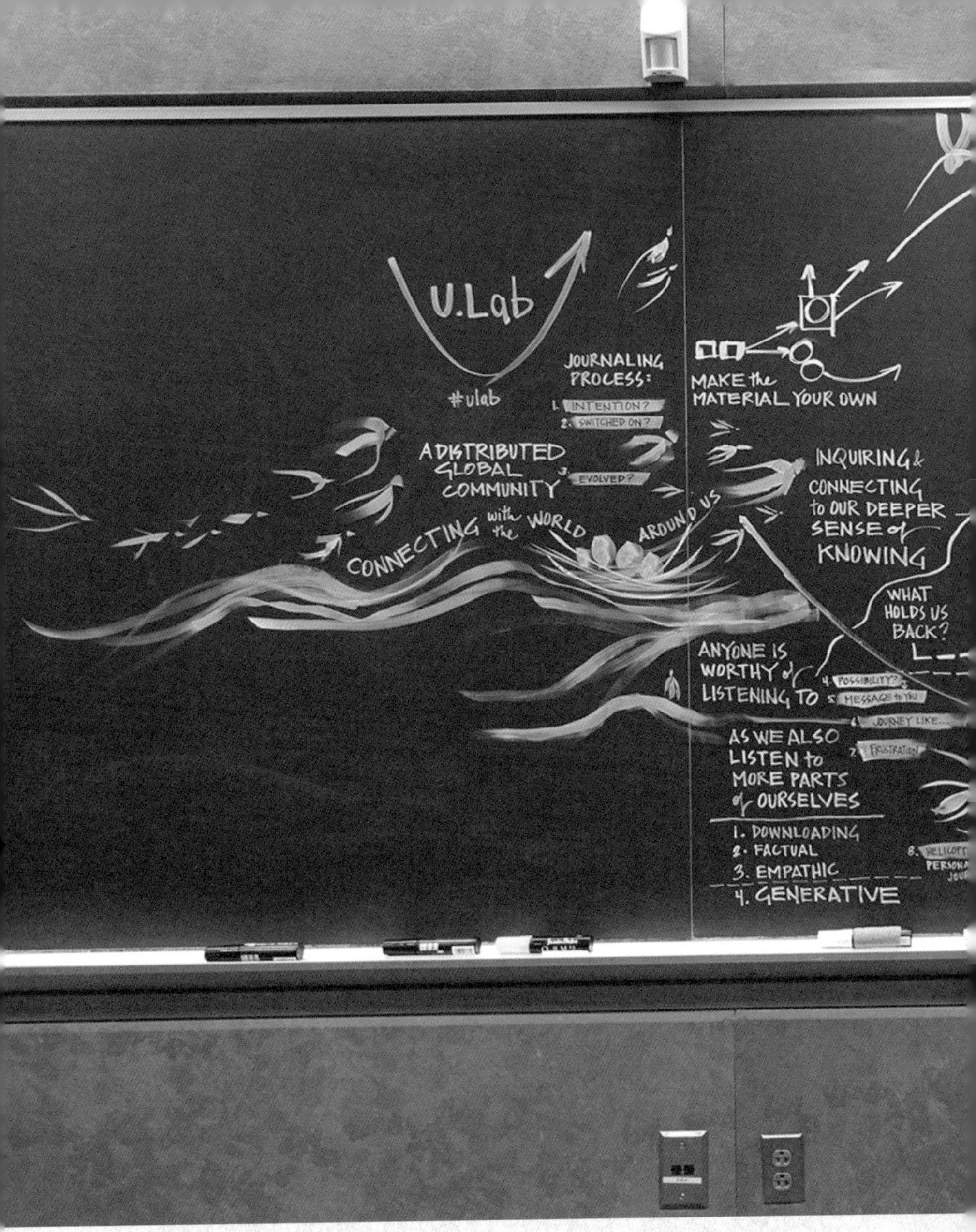
U.Lab
#ulab
JOURNALING PROCESS:
1. INTENTION?
2. SWITCHED ON?
3. EVOLVED?
A DISTRIBUTED GLOBAL COMMUNITY
CONNECTING with the WORLD AROUND US
MAKE the MATERIAL YOUR OWN
INQUIRING & CONNECTING to OUR DEEPER SENSE of KNOWING
WHAT HOLDS US BACK?
ANYONE IS WORTHY of LISTENING TO
4. POSSIBILITY?
5. MESSAGE to YOU
6. JOURNEY LIKE...
7. FRUSTRATION
AS WE ALSO LISTEN to MORE PARTS of OURSELVES
1. DOWNLOADING
2. FACTUAL
3. EMPATHIC
4. GENERATIVE

図 26　配置
場の器における特定の関心の質がグラフィックに滲み出た例。右奥の紙がその結果。私はしばらく輪に加わって座り、その後立って壁に向かい、描き始めた。
写真提供：ダニエル・コントルッチ。

図 27　配置
図 28 のスクライビングの際は、セッションの前夜に紙を壁にセットし、しばらく座ってしわをどうしようか迷っていた。ある種の自由を意味するものとして、そのままにすることにした。

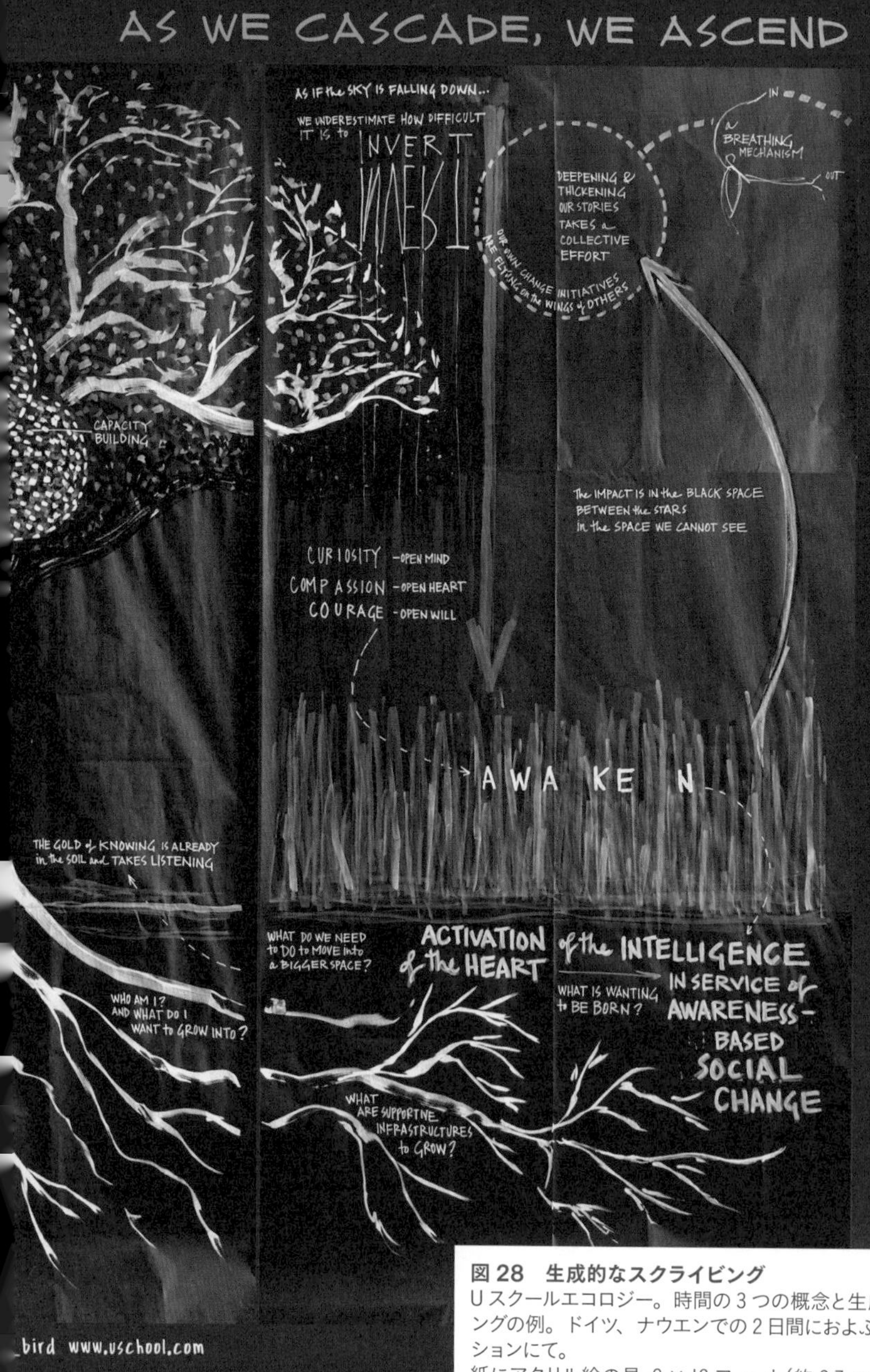

図 28　生成的なスクライビング
U スクールエコロジー。時間の 3 つの概念と生成的なスクライビングの例。ドイツ、ナウエンでの 2 日間におよぶ 30 名ほどのセッションにて。
紙にアクリル絵の具、9 × 12 フィート（約 2.7 × 3.7 m）、2016 年。

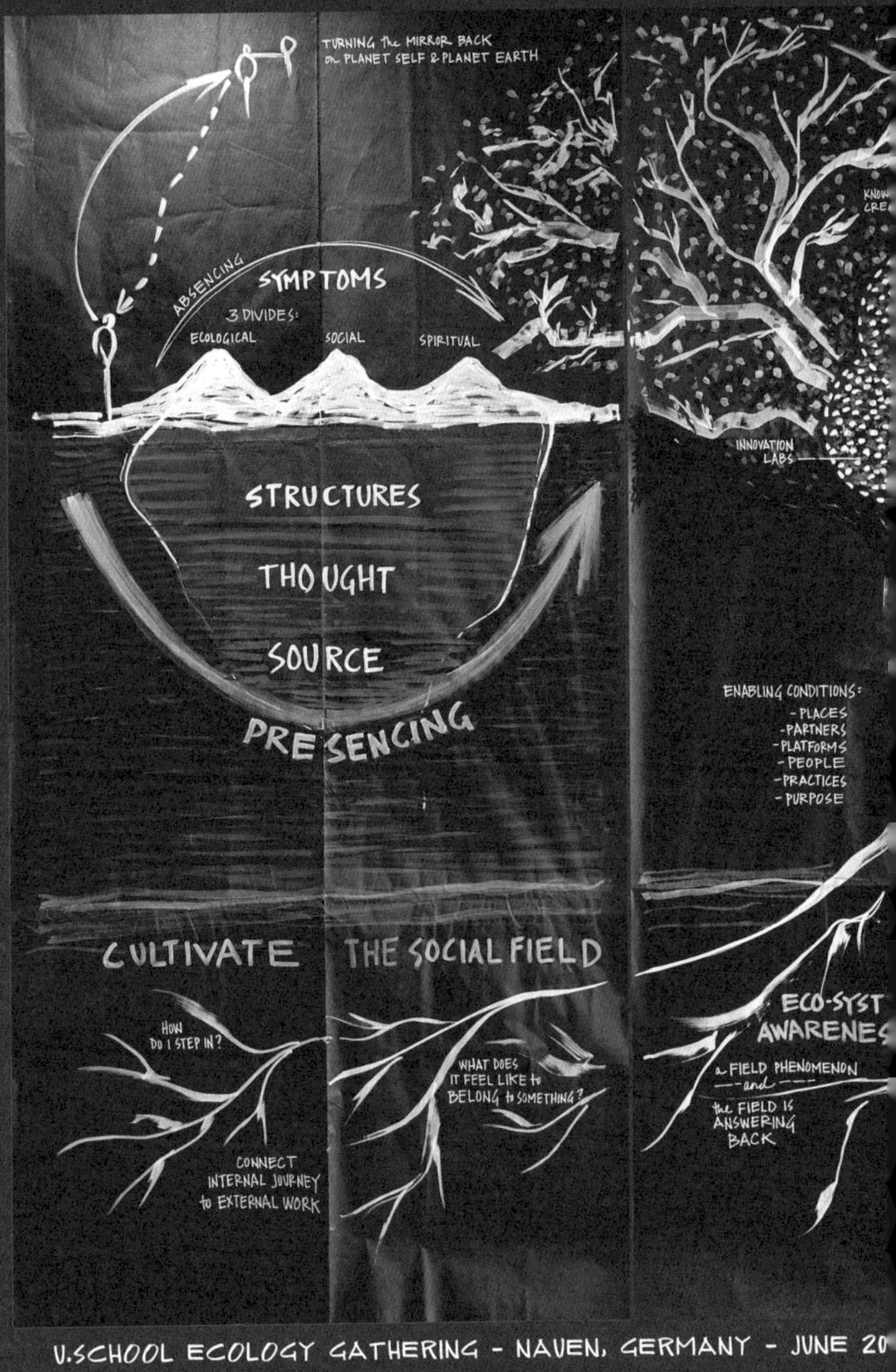
TURNING the MIRROR BACK on PLANET SELF & PLANET EARTH
ABSENCING
SYMPTOMS
3 DIVIDES:
ECOLOGICAL
SOCIAL
SPIRITUAL
STRUCTURES
THOUGHT
SOURCE
PRESENCING
CULTIVATE THE SOCIAL FIELD
HOW DO I STEP IN?
WHAT DOES IT FEEL LIKE to BELONG to SOMETHING?
CONNECT INTERNAL JOURNEY to EXTERNAL WORK
INNOVATION LABS
ENABLING CONDITIONS:
- PLACES
- PARTNERS
- PLATFORMS
- PEOPLE
- PRACTICES
- PURPOSE
ECO-SYST
AWARENES
a FIELD PHENOMENON
and
the FIELD IS ANSWERING BACK
U.SCHOOL ECOLOGY GATHERING - NAUEN, GERMANY - JUNE 20

図 29　撤去　デジタル記録をとった後、注意して「人工物」（描き終えた紙）を壁からはがす。

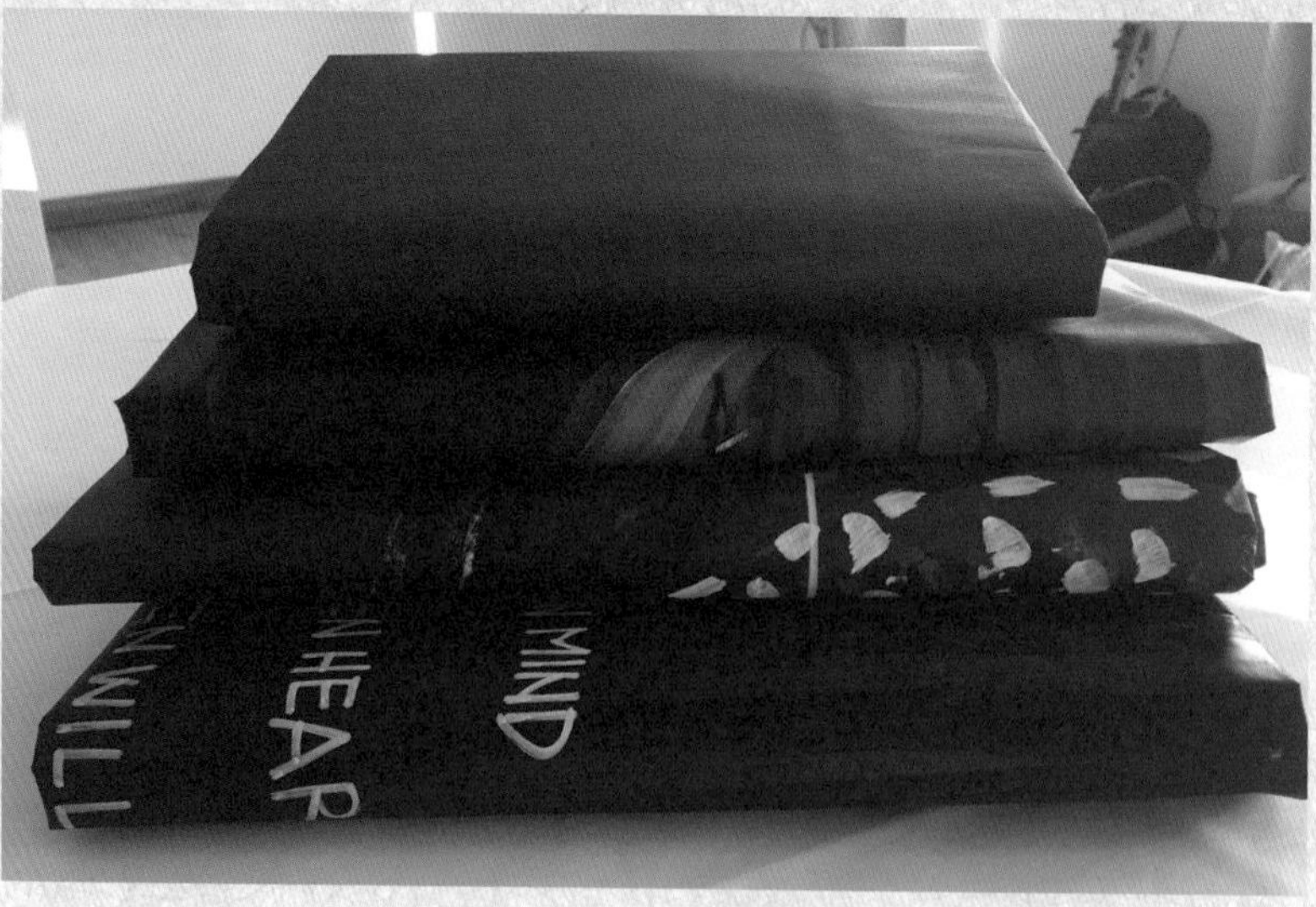

図 30　配布　紙をシステムの違う部分（中国、スコットランド、ブラジル）のセクションごとに折り畳み、それぞれ現地の場に持ち帰ってもらった。

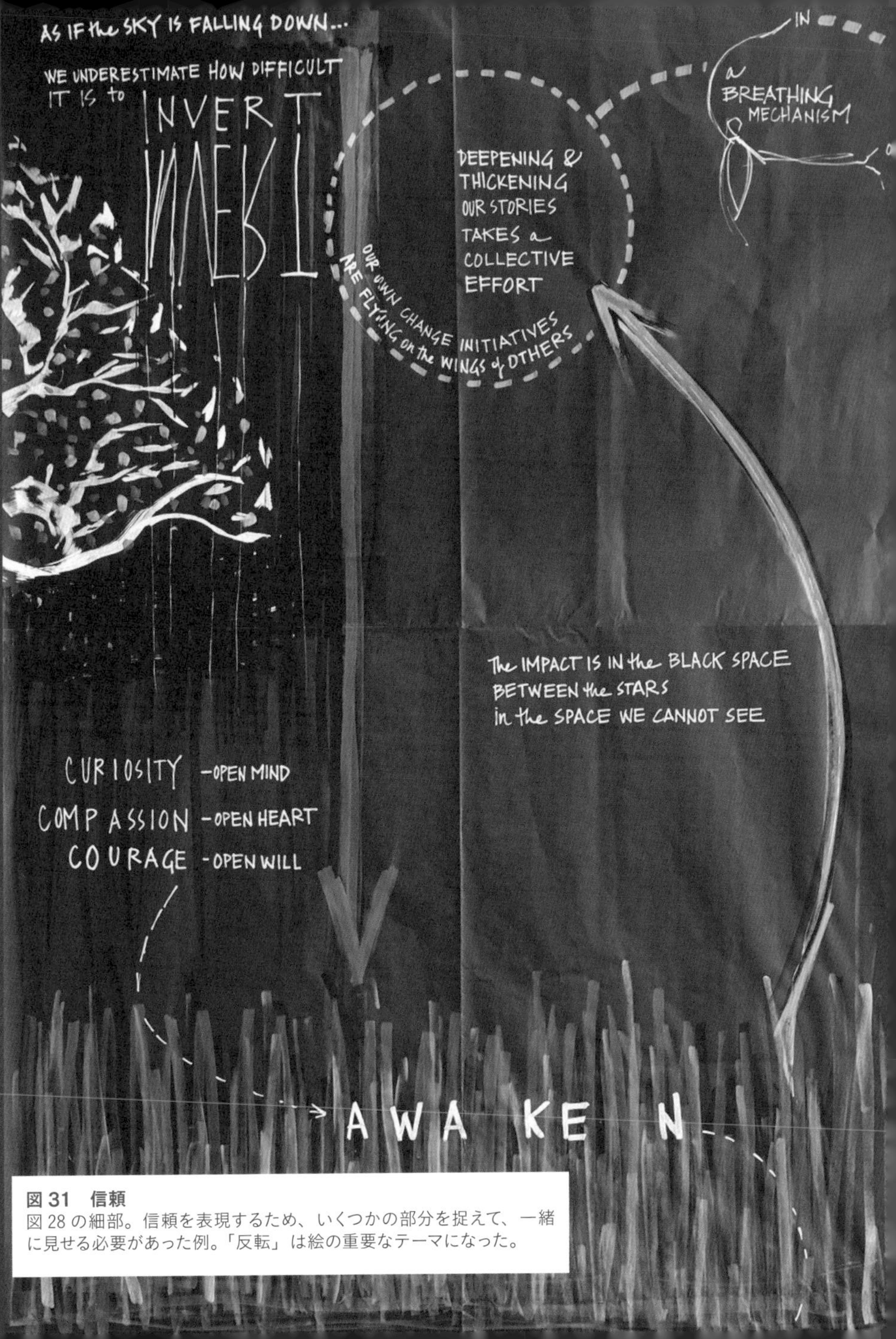

図 31　信頼
図 28 の細部。信頼を表現するため、いくつかの部分を捉えて、一緒に見せる必要があった例。「反転」は絵の重要なテーマになった。

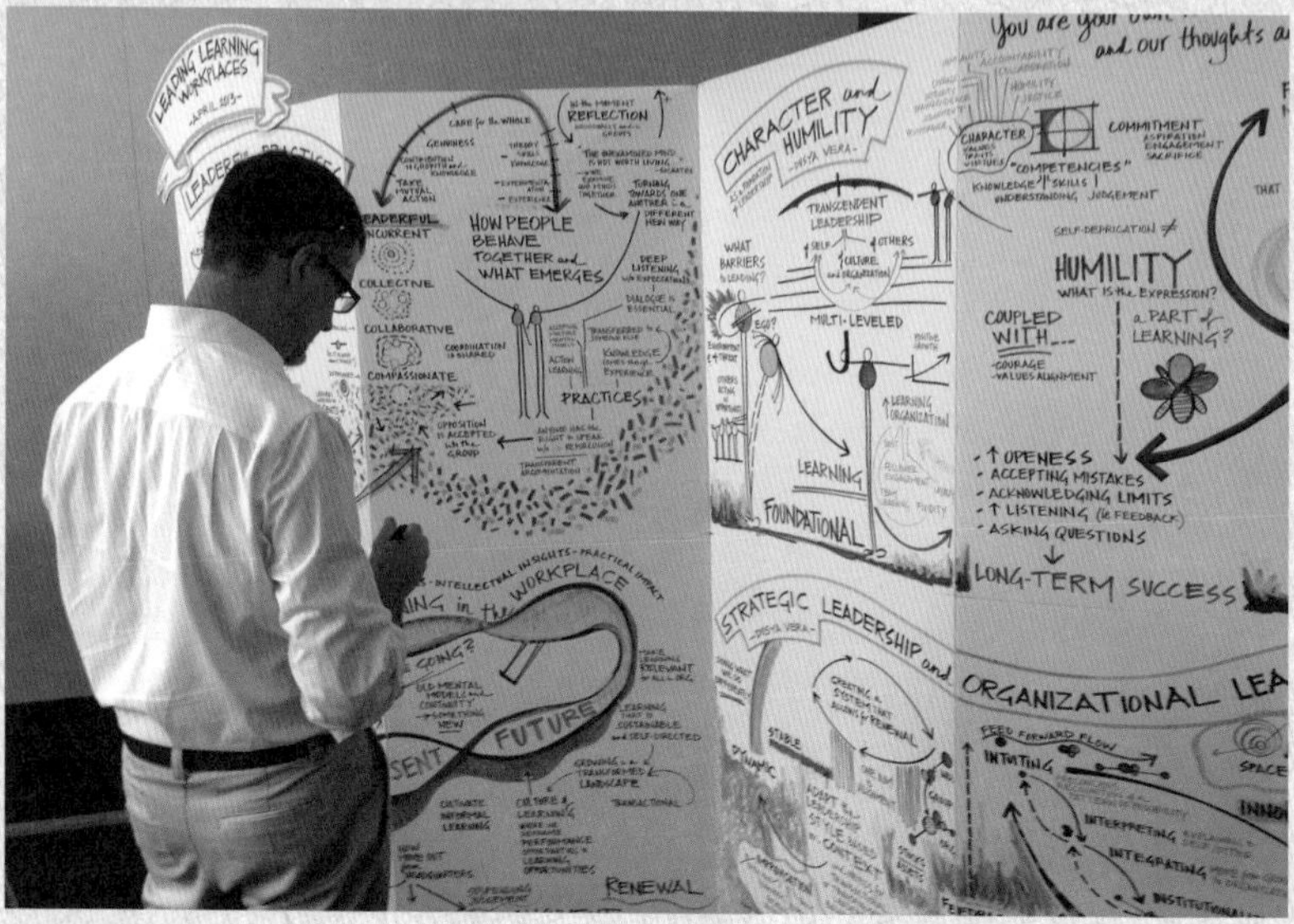

図 32　内省　クライアントが可視化された内容を見直している様子。2013 年。

図 33　学習
幹部教育に向けた5日間の集中プログラム。重要なコンセプトをまとめた壁のホワイトボード（部屋の全四面を使用、写真はその 3 分の 1）は、参加した人々の学習に役立った。ホワイトボードにホワイトボード用マーカー、4 × 28 フィート（約 1.2 × 8.5 m）、2014 年。

【著者】

ケルビー・バード

Kelvy Bird

アーティストであり、世界的に認められているスクライビングの実践者。またプレゼンシング・インスティチュートの共同創設者として、グローバルコミュニティに数々の貢献をしてきた。

最近では、edX〔マサチューセッツ工科大学とハーバード大学によって創立された無料のオンライン講義のプラットフォーム〕でのオンライン講座「Uラボ：ビジネス、社会、自己の変革」でスクライビングをしている。

社会的な理解を促進するためのスクライビングを専門とする会社「デピクト」の共同創設者でもある。

2016年には、『Drawn Together through Visual Practice（未邦訳）』と題する視覚化実践者による文集を共同編集している。米国マサチューセッツ州サマービル在住。


【監訳者】

山田夏子

Natsuko Yamada

株式会社しごと総合研究所代表取締役、一般社団法人グラフィックファシリテーション協会代表理事、システムコーチ／クリエイティブ・ファシリテーター。

株式会社バンタンでアーティスト、デザイナーをめざす学生指導や講師マネジメント、バンタンデザイン研究所ヘア&メイクスクール館長、人事部教育責任者を経て、2008年株式会社しごと総合研究所設立。

企業において、会議や話し合いの風土を変えるためグラフィック・ファシリテーションの講座を実施するほか、「ビジョン策定」や「仕事の自分ごと化」など社員のパーパスと企業のパーパスを橋渡しする対話会やワークショップをグラフィックファシリテーションによって紡いでいる。

NHK総合「週刊ニュース深読み」「クローズアップ現代+」などのTV番組で、グラフィック・ファシリテーションをすることも。

【訳者】

牧原ゆりえ

Yurie Makihara

ＳＤプロセスデザイナー／複雑系プロセスホスト、一般社団法人サステナビリティ・ダイアログ代表理事、Art of Hosting Japan 世話人。

１９９７年国際基督教大学を卒業後、大手監査法人に公認会計士として勤務。出産を機にサステナビリティに強い関心を持つようになる。２００９年家族でスウェーデンへ渡り、２つの修士課程で学ぶ。帰国後、留学中に出会った北欧発の参加型リーダーシップトレーニング〝Art of Hosting and Harvesting〔対話を変化へつなげるための実践〕〟を日本に紹介。地域におけるグラフィックを使ったハーベスティングの普及啓発を行いながら、自らも実践者として活動している。

２０１６年より札幌移住。スウェーデンの大学院と小さなまちでの暮らしから学び、いいなと思った暮らしを生き、伝え、やってみる場を作っている。

北見あかり

Akari Kitami

米国大学卒業後、外資系企業の日本支社で勤める傍ら２０１５年、MITxu.lab を受講しケルビーのスクライビングに魅せられる。２０１７年、プレゼンシング・インスティチュート主催でケルビーがファシリテートしたベルリンでのビジュアル・プレゼンシングワークショップに参加。特に組織開発や社会変革の文脈で生成的スクライビングの可能性を感じている。

場から未来を描き出す

対話を育む「スクライビング」5つの実践

発行日
2020年9月11日
第1版　第1刷

英治出版からのお知らせ

本書に関するご意見・ご感想をE-mail(editor@eijipress.co.jp)で受け付けています。
また、英治出版ではメールマガジン、ブログ、ツイッターなどで新刊情報やイベント情報を配信しております。ぜひ一度、アクセスしてみてください。

メールマガジン：
会員登録はホームページにて

ブログ：
www.eijipress.co.jp/blog

ツイッター ID：
@eijipress

フェイスブック：
www.facebook.com/eijipress

Web メディア：
eijionline.com

著者　ケルビー・バード
監訳者　山田夏子（やまだ・なつこ）
訳者　牧原ゆりえ（まきはら・ゆりえ）、北見あかり（きたみ・あかり）
発行人　原田英治
発行　英治出版株式会社
〒150-0022 東京都渋谷区恵比寿南 1-9-12 ピトレスクビル 4F
電話 03-5773-0193　FAX 03-5773-0194　www.eijipress.co.jp

プロデューサー　安村侑希子
スタッフ　高野達成　藤竹賢一郎　山下智也　鈴木美穂
下田理　田中三枝　平野貴裕　上村悠也　桑江リリー
石崎優木　山本有子　渡邉吏佐子　中西さおり
関紀子　片山実咲
印刷・製本　シナノ書籍印刷株式会社
装丁・レイアウト　矢萩多聞
翻訳協力　鴨志田恵（かもしだ・けい）
株式会社トランネット　www.trannet.co.jp
校正　株式会社ヴェリタ

ISBN978-4-86276-279-5 C0034 Printed in Japan